CARE
第10卷 第1辑
(总第11辑)

Vol.10 No.1

中国会计研究与教育

CHINA ACCOUNTING RESEARCH AND EDUCATION

主 编：王竹泉 ｜ 执行主编：孙建强 ｜ 副主编：程六兵 赵 璨

主办单位：
中国海洋大学中国企业营运资金管理研究中心
中国海洋大学中国混合所有制与资本管理研究院
中国海洋大学管理学院

主管单位：
中国海洋大学

协办单位：
中国资金管理智库（CMTTC）

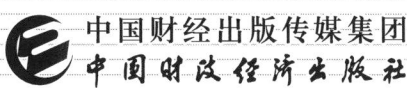

图书在版编目（CIP）数据

中国会计研究与教育. 第 10 卷. 第 1 辑／王竹泉主编. —北京：中国财政经济出版社，2018.12

ISBN 978 - 7 - 5095 - 8722 - 5

Ⅰ.①中… Ⅱ.①王… Ⅲ.①会计 - 中国 - 丛刊 Ⅳ.①F23 - 55

中国版本图书馆 CIP 数据核字（2018）第 289517 号

责任编辑：孙 琛　　　　　责任校对：胡永立

中国财政经济出版社 出版

URL：http：//www.cfeph.cn

E - mail：cfeph @ cfeph.cn

（版权所有　翻印必究）

社址：北京市海淀区阜成路甲 28 号　邮政编码：100142

营销中心电话：010 - 88191537

北京财经印刷厂印刷　各地新华书店经销

787×1092 毫米　16 开　9.75 印张　214 000 字

2018 年 12 月第 1 版　2018 年 12 月北京第 1 次印刷

定价：48.00 元

ISBN 978 - 7 - 5095 - 8722 - 5

（图书出现印装问题，本社负责调换）

本社质量投诉电话：010 - 88190744

打击盗版举报热线：010 - 88191661　QQ：2242791300

中国海洋大学一流大学建设专项经费资助

目 录

以高水平综合大学为引领构建新时代财会职教师资协同培养体系
　　——中国海洋大学财会专业职教师资本硕连读培养体系的构建与实施
　　　　　　　　　　　　　　　　　　　　　　　　　　　　王竹泉　孙建强　于卫兵（ 1 ）
财会职教师资本硕连读培养体系构建　…………………………孙建强　吴晓梦（ 10 ）
客户集中度、市场竞争与营运资金管理效率　…………程昔武　程　炜　纪　刚（ 18 ）
智力资本、利益相关者与营运资金管理协同的策略模型　………韩沚清　韩瑞雪（ 29 ）
新财政政策对商业银行财务绩效影响研究　……………………柴广成　陶　然（ 40 ）
基于营运资金供求关系的短期财务风险评估研究　………谢昱然　于慧颖　王竹泉（ 50 ）
债务结构对企业盈余管理的影响
　　——短期与长期融资的视角　………………………………………王　萍（ 64 ）
重大会计职业判断文献述评及研究展望　………………………刘安琪　王　媛（ 84 ）
基于情境认知学习理论的视频案例教学模式研究与实践
　　——以 MPAcc 财务信息化课程为例　……………王　舰　马骞丽　管梦瑶（ 96 ）
工科院校本科会计学专业教育研究述评与展望　………张月玲　王晓菁　李少君（108）
实证研究方法训练营课程开发研究　……………………………程六兵　赵峰峰（120）
基于职业导向的"手把手"实践教学模式研究　…………………谭文浩　王永杰（132）
资本效率、财务风险与经济发展质量评价
　　——2018 中国资金管理智库高峰论坛综述　……江玮滢　高睿璇　宋晓缤（142）

以高水平综合大学为引领构建新时代财会职教师资协同培养体系
——中国海洋大学财会专业职教师资本硕连读培养体系的构建与实施*

王竹泉 孙建强 于卫兵[①]

教师是教育发展的第一资源。新时代职业教育的高质量发展迫切需要造就一支师德高尚、素质优良、技艺精湛、结构合理、专兼结合的高素质专业化"双师型"教师队伍。但是,目前各类关于教师教育改革的研究均是以师范类(含职业师范类)院校为主体,而忽视了高水平综合大学专业和学科优势的发挥。如何适应新时代职业教育发展的新形势、新要求,重构高素质专业化创新型职教师资的培养体系,是全社会关注的重大课题。2012年以来,中国海洋大学在高水平综合大学引领财会专业职教师资培养的改革中进行了系列的实践和探索,初步构建和实施了以高水平大学为引领的财会专业职教师资本硕连读协同培养体系。

一、国内外财会职教师资培养的现状调查

在对国外职教师资培养情况的调研中,我们发现德国、英国的职业教育教师必须完成本科和研究生教育。其中德国直接采用了本硕连读制度,并对职业教育教师的学历资格、能力、素质考核等方面都有具体而严格的法律规定。德国的职业教师培养是一个综合学习的过程,是综合能力的培养过程。职教师资培养需要经过三个阶段:第一阶段,由综合性大学承担,要经历五年的本硕连读(前三年读学士;后两年读硕士),强调专业

---

* 基金项目:山东省研究生教育创新计划"财会职教师资本硕连读综合改革试点"(SDYC16014)、山东省本科高校教学改革研究重点项目"资金管理智库建设与跨院校资金管理教育资源整合"和山东省研究生教育联合培养基地"中国海洋大学中国企业营运资金管理研究中心会计学专业研究生联合培养基地(鲁学位〔2017〕1号)"的阶段性成果。

[①] 作者简介:王竹泉,男,博士,中国海洋大学管理学院教授,中国混合所有制与资本管理研究院院长。孙建强,男,博士,中国海洋大学管理学院教授。于卫兵,女,博士,中国海洋大学管理学院副教授。

能力的提高。学习内容涉及三个专业，第一专业为所要从事的专业；第二专业则是要学习一个基础学科的专业（如数学、物理、化学、德语等）；第三专业是教育学。第二阶段，预备见习期，学习的主要内容是训练实际教学能力，目的是使其能独立教学；在职业学校里见习教学和试讲，由指导教师负责；参加教育学方面的国家专业研讨班（包括专业教学在内）。第三阶段，贯穿整个职业生涯，更新知识和提高能力。

英国职教师资的入职要求与普通中学教师相同，即符合政府规定的教师职业标准，拥有教师资格证书。具体的要求是：第一，完成本科教育。一般在大学修读本科课程，学习的科目中包括一门或多门有关教育经验和教育理论的，本科毕业时获得学士学位和教师资格证书。第二，完成研究生教育。大部分教师职位的申请者，在获得某一单独学科或综合学科的3年制大学学历的基础上，本科毕业后直接申请修读为期一年的研究生课程，或者工作一段时间后再回到大学继续修读研究生课程，毕业时获得教育学研究生毕业证书和教师资格证书。研究生证书课程的科目要求与全国课程保持一致，包括科学、数学、英语（核心科目）、历史、地理、音乐、艺术、体育、宗教以及技术等科目。

我国目前设置财务会计教育本科专业的学校共有14所（见表1）。根据职友集网（网址：http://www.jobui.com）的调查，该专业的就业形势在教育学类53个本科专业排名第13位，在"职业技术教育类"37个本科专业中排第5名。财务会计教育专业培养具备管理、经济、法律和会计学等方面的知识和能力，能在大中专院校、中等职业技术学校从事教学、科研及财务管理工作的工商管理学科专业人才。调查结果显示，财务会计教育专业为我国中高级职业院校培养输送了大量师资。该专业侧重于为大中专及中职院校培养师资，培养目标定位较为清晰。但从课程设置来看，该专业的主修课程与通用会计专业的课程设置没有太大区别，各家院校在该专业学生的教学技能、实践技能等方面的培养还有较大的潜力可挖。

表1　　　　　　　　　开设财务会计教育本科专业的院校

华中师范大学	广西财经学院
天津职业技术师范大学	河北科技师范学院
内蒙古农业大学	宁波大学
浙江师范大学	安徽科技学院
华中师范大学汉口分校	湛江师范学院
广东技术师范学院	云南大学
云南民族大学	曲阜师范学院

目前，我国师范类院校中有42所院校开设了财务管理专业，但其中大多数均为非师范类专业，侧重于培养财务管理通用型人才。从专门设置职业教育师范生和开设职教本科专业的重点职业院校来看，我们查阅了江西科技师范大学、浙江师范大学、福建师范大学、安徽科技学院、河北科技师范学院、河南科技学院、广东职业技术师范学院等多所知名中职师资培养的重点院校有关财务管理和会计专业的相关资料，对其培养目标、能力要求、课程设置、实践环节等信息进行了比较分析，发现这些学校的课程体系和培养环节差别不大，在培养方案的实施上，几乎均采取"一锅端"的模式，培养出的学生

的专业技能基本相同，个性化不够突出，难以满足经济社会发展对财会专业胜任能力和专业技能的多样化需求。

二、财会行业发展和职业教育改革对财会专业职教师资培养提出的挑战

会计行业中长期人才发展规划（2010~2020年）指出：当今世界，经济全球化深入发展，企业跨国经营、资本跨境流动日益频繁，科技进步日新月异，知识经济方兴未艾，会计人才在经济社会发展中的基础性、战略性、关键性作用更加凸显，会计人才的竞争已经成为国家、地区和单位间竞争的焦点之一。按该规划要求，到2015年，高级、中级、初级财会人才比例要达到5:35:60；到2020年，这一比例要达到10:40:50。但据统计，截至2014年底，全国累计有513万人通过考试（考评结合）取得了资格证书，其中，初级348万人，中级151万人，高级近14万人。这意味着高级、中级、初级财会人才的比重是1:10.8:24.9，显然与规划的目标还有较大的差距。与之同时，财务管理和会计的职业领域也从传统的记账、算账、报账为主，拓展到内部控制、投融资决策、企业并购、价值管理、战略规划、公司治理、会计信息化等高端管理领域，培养善经营、懂管理的复合型财会人才将成为对财务管理职业教育的基本要求。从我们对海尔、青啤等知名企业的调研来看，整个集团的财会人员队伍都在1000人以上，但是这些人员中只有不到20%的人是从事会计核算、财务会计和财务报告等传统的财会工作，而80%以上的人都是在从事管理会计、资金管理和风险管理等管理性质的工作。近年来，随着云计算、大数据、物联网、虚拟现实/增强现实、人工智能等新技术的应用和创新发展，传统的财会职业和分工正在迅速发生变革，这更对财会职业教师教育的技术性、职业性和师范性带来了巨大的挑战。

从职业教育的发展和改革来看，"十二五"以来，我国职业教育改革发展进入加快建设现代职业教育体系、全面提高技能型人才培养质量的新阶段。为贯彻落实《国家中长期教育改革和发展规划纲要（2010~2020年）》，进一步推动和加强职业院校教师队伍建设，促进职业教育科学发展，教育部、财政部2011年11月联合发布了《关于实施职业院校教师素质提高计划的意见》（教职成〔2011〕14号），决定2011~2015年实施职业院校教师素质提高计划，其中的一项重要任务就是要开发100个职教师资本科专业的培养标准、培养方案、核心课程和特色教材。根据《国家中长期教育改革和发展规划纲要（2010~2020年）》，《教育部关于"十二五"期间加强中等职业学校教师队伍建设的意见》（教职成〔2011〕17号）中提到"十二五"期间中等职业学校教师队伍建设的工作目标是规模进一步扩大，到2015年，专任教师生师比降到20:1以下，专业教师中兼职教师的比例占到30%以上，全国中等职业学校专兼职教师总量达到135万人左右。素质结构进一步优化，专任教师中，学历达标率超过95%，研究生层次教师比例逐步提高；"双师型"教师占专业教师的比例达到50%。教师师德水平明显提高，普遍树立现代职业教育理念、具备运用现代信息技术的能力。

综上，无论是财会行业的发展，还是职业教育的变革，都在推动着财会职业教育的转型升级，这对财会职教师资培养体系的改革提出了紧迫的要求。教育部等五部门发布的《教师教育振兴行动计划（2018～2022年）》指出：以提升教师教育质量为核心，以加强教师教育体系建设为支撑，以教师教育供给侧结构性改革为动力，从源头上加强教师队伍建设。支持中等职业学校教师本科和教育硕士研究生阶段整体设计、分段考核、有机衔接的培养模式。

三、中国海洋大学财会职教师资本硕连读改革的初步探索与实践

中国海洋大学前期在普通高等教育会计学专业本科教育中逐渐形成了自己的优势和特色，成为教育部国家特色专业、山东省首批普通高等教育品牌专业、山东省首个会计学专业博士学位授权点、山东省首个会计硕士专业学位授权点，并在山东省率先开设会计学专业ACCA方向班。2013年以来，中国海洋大学联合多所职业院校完成了教育部、财政部"十二五"职教师资素质提高计划"财务管理职教师资本科培养标准、培养方案、核心课程与特色教材开发"（VTNE074）项目的研究，在教育部、财政部组织的验收中获得财经商贸类专业最高分。该项目完成的"职教师资财务管理专业培养指导标准""中等职业学校财务管理类专业教师指导标准"和以"营运资金管理"为特色的5部配套教材得到教育部采纳，成为国家标准和配套资源。同时，依托中国海洋大学会计学国家特色专业、会计学专业综合改革和会计硕士专业综合改革等项目，已在中国海洋大学构建了会计学专业本科（财会职业教育方向）与会计硕士（财会职教师资方向）的本硕连读培养体系。依托上述改革项目完成的"科教融合、产学协同，联合打造资金管理特色研究生教育资源共享平台""持续推进会计学专业综合改革，培养具有全球胜任能力的卓越人才"和"营运资金管理特色研究、创新型人才培养和社会服务的互动与协同"三项教学成果获得山东省高等学校优秀教学成果一等奖。中国企业营运资金管理研究中心联合40多家协同单位组建的中国资金管理智库协同创新中心成为协同创新和协同培养的典范。标志性成果有：《营运资金管理发展报告系列丛书》（9部，1500多万字），《系列高峰论坛论文集》（12部，600多万字），《利益相关者会计与管理文丛》（9部，300多万字），《中国会计研究与教育》集刊（10集，240多万字），"系列高峰论坛"（连续7次举办，累计2000多人参加），"系列数据库、案例库"（累计访问17万多次，下载近9万次），"营运资金管理慕课、公开课"（4万多人学习）。中国企业营运资金管理研究中心2016年入选中国智库索引（CTTI）首批来源智库，成为我国高校会计和财务类科研机构唯一入选者。中国资金管理智库协同创新中心获得山东省高等学校协同创新中心（面向科学前沿类）立项建设。2018年，中国海洋大学、山东财经大学、江西财经大学、南京理工大学、山东科技大学联合完成的"科教融合，产学协同，理实一体，构筑资金管理特色研究生教育资源共享平台"获得国家教学成果二等奖。

"十三五"期间，国家对职业教育更加重视。随着财会职业教育的迅速发展，本科学历的毕业生已难以满足职业院校对师资素质的要求，对高水平职教师资的迫切要求日益

显著。中共中央、国务院《关于全面深化新时代教师队伍建设改革的意见》提出：支持高水平综合大学开展教师教育，积极参与基础教育、职业教育教师培养培训工作，造就党和人民满意的高素质专业化创新型教师队伍。我们前期开展的"财会专业中职教师的培养是否应采取本硕连读的方式"的问卷调查，得到了受访者的广泛认同，支持率达82%。2016年6月，中国海洋大学启动专业学位综合改革试点，会计硕士综合改革被列为学校文科和经管类唯一的改革试点项目，其中职业教育会计硕士培养综合改革的设想得到了充分肯定。财会职业教育会计硕士培养能让财会职教师资在入职前接受更全面系统的教育，适应现代财会职业教育对师资素质的高要求，为未来工作奠定坚实的基础。同时，将财会职教师资培养与MPAcc项目深化综合改革统筹考虑，不仅对提高财会职教师资的素质水平具有重要意义，而且对MPAcc项目的特色战略发展具有广泛的示范价值。然而，国内财会职教师资教育鲜有上升至研究生教育层次，财会专业职教师资本硕连读培养体系亟待构建和实施。而要科学引领财会职业转型升级进程中的财会专业职教师资培养的改革和发展，必须充分发挥高水平大学的专业研究优势和创新引领作用，并充分整合行业协会、企业和职业院校等各方的资源。

四、中国海洋大学在资金管理特色教育资源整合共享方面的成功探索

资金是企业的命脉，资金管理是各类、各层次财会专业人才培养和各行各业管理实践的核心内容，其教育资源的开发与共享具有广泛的应用价值。从我国高等教育资源共享的整体情况来看，在本科生教育层面的探讨较多，而在研究生教育层面的探讨相对较少，跨越不同类型、不同层次的专业教育探讨教育资源共享就更为稀少。具体到各类、各层次财会专业人才的培养，作为其核心内容的资金管理教育普遍存在以下问题：①资金管理理论研究严重滞后于管理实践的发展，资金管理教育内容陈旧落后；②理实割裂问题均较严重，所不同的是职业类、应用类人才培养过分强调一般性技能，而忽视了必要的理论基础的修养，而创新性人才培养则过分注重理论，缺乏对实践应有的关注；③资金管理教育资源高度分散，跨层次、跨类型教育资源整合几近空白。因此，协同多方优势研究探索不同类型、不同层次财会专业人才培养的创新能力和实践应用能力框架，并进一步探索资金管理教育资源的创新开发和共享应用具有十分重要的意义。中国海洋大学与中国会计学会合作组建的中国会计学会的首个产学研联盟——中国企业营运资金管理研究中心进行了成功的探索。中国企业营运资金管理研究中心2009年成立伊始，就在国内率先在会计学专业学术型研究生、全日制MPAcc专业学位研究生中开设"营运资金管理研究"课程，探索将研究生的资金管理理论创新能力和实践创新能力的培养融为一体。以此为基础，中国企业营运资金管理研究中心主动适应国家重大需求，通过山东省研究生教育创新计划"学术型硕士研究生实践能力的定位与培养研究""全日制会计硕士专业学位（MPAcc）研究生培养模式创新研究"等教学改革项目的研究，以理论创新能力和实践创新能力为核心对财会专业研究生能力框架、培养模式综合改革以及与之相

适应的财会专业研究生教育特色资源的系统整合进行了深入探索。

1. 通过组织产学研协同创新和大规模的企业资金管理调查，解决由于资金管理研究与实践严重脱节导致的教育资源陈旧落后问题

通过组织产学研协同创新和持续大规模开展"中国上市公司营运资金管理调查"、持续发布"中国上市公司营运资金管理绩效排行榜"、持续编撰《营运资金管理发展报告系列丛书》、持续开发"中国上市公司营运资金管理数据库、案例库"、持续举办"营运资金管理高峰论坛"等方式，彻底扭转资金管理研究与实践严重脱节的局面。在此基础上，科研反哺教学，将科学研究的前沿理论和管理实践的最新理念、典型案例和先进模式引入课程教学，通过合作开发慕课、教材和教学案例等优质课程建设、强化课程论文、典型案例分析报告等方式，实现教育资源的内容丰富和更新，解决教育资源陈旧落后问题。

2. 科教融合，以"思想库""文献库""数据库""案例库"建设为核心，强化教育资源的系统整合，解决教育资源高度分散问题和理论创新能力与实践创新能力培养的脱节问题

在系统论证会计学、财务管理专业学术型研究生和会计硕士（MPAcc）专业学位研究生的能力框架并理顺理论创新能力和实践创新能力在两种类型研究生培养中的关系基础上，以资金管理理论创新能力与实践创新能力为核心构筑了与能力要求相适应的"特色课程资源""特色实践资源""特色数据资源""特色案例资源""特色文献资源""特色讲座资源"等，为解决财会专业研究生培养理实割裂的问题提供了坚实的资源保障。

3. 产学协同，以面向学术前沿的学术高地和面向重大现实需求的权威智库建设为牵引，以"共研""共建""共享""共赢"的理念，增强协同各方的合作动力和协同的持续性

中国企业营运资金管理研究中心牵头组建了产学协同的中国资金管理智库协同创新中心，面向科学前沿合作开展理论课题研究，创新概念体系，总结前沿理念，推动理论发展，协力打造学术高地。在协力构筑权威智库的同时，面向政府、行业、企业重大需求合作开展课题咨询，将创新的理论和评价体系应用于管理实践，为政府、行业、企业提供智力支撑，增强产学各方协同创新和协同培养的动力。此外，通过持续举办理论界和实务界共同参与的系列论坛活动，举办名家系列专题讲座，构筑协同创新和协同培养的互动平台，增强协同的持续性。

近十年的探索逐渐形成了中国海洋大学财会专业教育资源整合和协同培养的鲜明特色：

1. 构筑了"科教融合、产学协同、理实一体的研究生教育资源整合模式"

充分发挥协同创新中心的创新引领功能，以资源创新开发驱动资源整合和共享应用。通过持续大规模开展专题调查、持续编撰系列发展报告、研究文丛和集刊、持续合作开发系列数据库、案例库以及持续举办系列高峰论坛等方式，彻底扭转了理论研究与实践严重脱节的局面。在此基础上，科教融合，从理论教学内容更新、实践教学体系重构和信息共享与交流平台搭建三个方面对研究生教育资源进行系统整合，构筑了"科教融合、产学协同、理实一体的研究生教育资源整合模式"。

2. 构建了由"特色课程资源""特色实践资源""特色文献资源""特色数据资源""特色案例资源""特色讲座资源"等组成的财会专业研究生教育特色资源共享平台

特色课程资源涵盖"营运资金管理精品课""营运资金管理慕课"和《营运资金管理》等特色教材；特色实践资源涵盖营运资金管理调查、资金管理咨询诊断与案例研发、系列高峰论坛等；特色文献资源涵盖《营运资金管理发展报告系列丛书》《利益相关者会计与管理文丛》《系列高峰论坛论文集》《中国会计研究与教育》集刊等；特色数据资源涵盖营运管理数据库、资本效率数据库、财务风险数据库、利益相关者关系数据库等；特色案例资源涵盖营运资金管理案例库及系列教学案例等；特色讲座资源涵盖100余场专家讲座、名家讲堂、学术报告等。

3. 创建了"学术高地与权威智库""科学研究与教学研究"以及"专业综合改革与科研综合改革"有机统一的科教融合机制，强化了协同互动的持续性

以协同创新平台为依托，以面向学术前沿的学术高地和面向重大现实需求的权威智库建设为牵引，构建了"学术高地与权威智库""科学研究与教学研究"及"专业综合改革与科研综合改革"有机统一的科教融合机制，实现了能力培养和资源共享的统一，使协同的持续性得到根本保障。

五、新时代财会师资协同培养体系的构建设想

虽然中国海洋大学在财会专业职教师资本硕连读培养体系构建以及资金管理特色教育资源整合共享方面都进行了一系列的探索，并取得了较为丰富的实践经验，但是与国家对新时代财会职教师资培养的期望和要求相比，还有很大的差距。如何发挥高水平综合大学在新时代高素质专业化创新型财会职教师资培养中的积极作用？如何以高水平综合大学的会计硕士专业学位项目为依托，构筑高水平综合大学、大中型企业和职业院校协同的财会职教师资协同培养体系？如何以高水平综合大学的优势学科平台为引领，构筑跨层次（本科层次、研究生层次）、跨类型（创新类、应用类、师范类）的财会职教师资教育资源共享平台？这些问题，都尚需进行深入、系统的研究和改革探索。

在前期完成教育部质量工程——会计学国家特色专业建设、会计学专业综合改革和教育部、财政部"十二五"职教师资素质提高计划以及"科教融合，产学协同，理实一体，构筑资金管理特色研究生教育资源共享平台"等的基础上，中国海洋大学拟以中国资金管理智库协同创新中心为引领，以资金管理系列特色教育资源和财会专业职教师资实践教学资源共享平台建设为核心，推动中国资金管理智库协同创新中心实现"协同创新"和"协同培养"的双协同，在招生计划方面给予财会职教师资本硕连读培养倾斜和支持，加大对分类、分方向的实践教学基地建设和实践导师实际参与学生指导方面的建设支持力度，通过联合开发各层次资金管理和财会职业教育的教材和慕课、合作举办资金管理夏令营、案例大赛和多种形式的专题研讨会等，在全国率先开展以高水平综合大学为引领的职教师资协同培养体系构建的实践探索，联合打造我国资金管理领域的学术高地、权威智库和创新型财会专业职教师资培养基地，为新时代职业教师教育的创新发

展提供示范和借鉴。

1. 专业核心课程与特色课程建设方案

在中国海洋大学会计硕士教育中心已建成的精品课程和初具特色的模块化课程基础上,在教学内容上充分体现职业性、技术性和师范性的有机衔接,并进一步强化在本校教师与中高职院校教师强强合作培养财会职教师资的优势和特色,争取建成"财会信息化与教育技术""财会专业教学法""资金管理教学案例开发"三门省级研究生教育精品课程。

2. 财会职教师资的合作培养与双导师人才培养模式设计

聘请中高职院校教学经验丰富的教师,联合本校教师组建专业化的教学团队,力争使兼职导师参与授课的比例达到60%以上,其中兼职导师为主开设的课程达到3门以上。同时,充分利用中国海洋大学全国职业教育示范基地的有利条件,有效整合中高职院校的会计教育资源,在课程教学、教学实践、合作研究、资源条件建设等各个层面开展全方位合作,深化以"定向培养""本硕连读双导师制"为主要标志的特色人才培养模式改革。

3. 强化实践教学基地建设和立体化实践教学体系建设

中国海洋大学会计硕士教育中心已与青岛职业学院、青岛华夏职教中心、青岛酒店管理学院等院校合作开展了财会职教师资本硕连读协同培养的初步探索。下一步改革中,将进一步深化与现有职业院校的联合培养示范基地和教学实践基地建设,联合改造职业院校的培养方案,联合开发特色课程和实践教学资源,开展丰富多彩的教学实践活动,强化培养职业教育会计硕士的教学能力,提高职业教育会计硕士的培养质量。

此外,我们还将充分利用现代网络技术、多媒体教学和实验技术等现代教学手段,建设形式多样、内容丰富的立体化教学实践网络,一方面多渠道地丰富学生的教学实践形式,另一方面提高学生利用网络、媒体的教学技能。

4. 特色教材建设方案

配合财会职教师资模块化课程的开展,致力于建设与之配套的特色教材:财会专业教学法、财会信息化、营运资金管理、预算与绩效管理等。

5. 完善质量保障体系

完善职业教育会计硕士人才培养质量监督机制,建立招生、培养、学位授予等全过程质量保障制度,设立职业教育会计硕士项目毕业生的动态跟踪管理系统,加强毕业生就业质量和职业发展跟踪、调研。充实与职业教育会计硕士相关的教学指导委员会成员,负责指导、规范职业教育会计硕士专业学位的研究生培养工作。

主要参考文献

[1] 陈胜权,王继国. 国家级职教师资培训开展的背景、现状及问题分析 [J]. 职业技术教育,2013 (13):59-63.

[2] 李雪梅. 高职院校师资建设的国际比较 [J]. 职教论坛,2010 (04):64-66.

[3] 司文君. 中职教师任职资格的国际比较及其启示 [J]. 职教通讯, 2011 (7): 43-46.
[4] 苏春辉, 陈衍, 颜炳乾. 国际职教师资培养的特点与趋向 [J]. 职业技术教育, 2008 (11): 80-85.
[5] 同济大学职业技术教育学院课题组等. 教育部全国教育科学"十五"规划重点课题"职业教育师资培养策略体系国际比较研究"总报告 (简要报告) [R], 中国职业技术教育学会2005年学术年会: 中国北京: 第8页.
[6] 王国文. 借鉴德国职业教育师资培养模式, 提高职业院校师资队伍水平 [J]. 交通职业教育, 2011 (02): 52-55.
[7] 王竹泉等. 财务管理专业职教师资培养现状调研分析 [J]. 中国会计研究与教育, 2014 (1).
[8] 徐朔. 德国职业教育教师培养的历史和现状 [J]. 外国教育研究, 2004 (5): 56-59.
[9] 游柱然, 胡英姿. 美国中等职业技术教育教师专业发展的新规范与新举措 [J]. 比较教育研究, 2013 (02): 102-106.
[10] 邹彩丽. 美国双元制职业教师培养模式对我国中职教师在职培训启示 [J]. 吉林省教育学院学报 (下旬), 2012 (07): 73-75.

财会职教师资本硕连读培养体系构建

孙建强　吴晓梦[①]

摘　要　职教师资质量是决定职业教育办学质量和人才培养质量的核心因素。本文基于普通高校这一重要培养主体，创新性地构建了财会职教师资本硕连读培养体系。该体系以"六年期、四阶段"培养模式为基础，强调从初级到高级培养阶段配备由浅入深的课程设置，通过二者的高度匹配实现各个阶段的人才培养目标。该体系通过将职业教育理论与教学方法在财会专业教育中渗透、本硕贯通培养的方式促使相关人才培养更具灵活性、导向性和连续性，是适应我国财会职业教育发展需要的一种新型的人才培养模式。

关键词　财会职业教育；师资培养；本硕连读

一、引言

当前，我国职业教育已进入现代化发展新阶段，构建"世界水准、中国特色"的现代职业教育体系已成为国家加快发展现代职业教育的重要纲领。然而，职业教育的规模扩大、结构调整、管理优化与质量提升都对职业教育师资队伍建设提出了更高的要求。从总体上看，我国职教师资存在数量不足、结构失衡、素质有待提升以及教师实践教学能力不足等诸多问题，严重阻碍了职业教育的发展。

高素质专业化职教师资队伍是现代职教体系的核心要素。为培养更多高素质、专业化的"双师型"教师，2016年教育部发布《教育部、财政部关于实施职业院校教师素质提高计划（2017~2020年）的意见》，要求充分发挥国家职教师资培养培训基地示范引领作用，建成一批教师教育优势特色专业和优质课程资源，构建完备的教师专业发展支持服务体系。

作为国家职教师资培养培训的主体之一，普通高校近年逐步探索出设立职业技术教育院（系）、开设工作技能教育课程、设立职教师资研究方向等师资培养路径，成为对职业技术师范学院的有益补充。然而，这与目前中高等职业教育对师资的数量、质量的需

---

① 作者简介：孙建强，男，中国海洋大学管理学院教授。吴晓梦，女，中国海洋大学管理学院硕士生。

求相比仍远远不够。随着社会主义市场经济深入发展，社会对财会人才的规格和结构需求都发生了新变化，国家对财务教育工作改革也提出新要求，这需要普通高校积极探索更高效、科学的财会职教师资培训模式和体系，以保证源源不断地输出财会职业教育师资并确保师资素质的稳定持续提升。在这个背景下，普通高校，尤其是高水平大学构建财会职教师资本硕连读培养体系将成为一项有益尝试。

二、财会职教师资本硕连读培养的目标定位

结合我国在职业教育师资培养方面的一贯理念和职业教育发达国家职业教育师资培养的成功经验，并对未来职业教育的发展趋势和职业教育教与学的特征进行分析，笔者认为，职教师资培养基本目标应当定位于"培养全面发展的人"。其基本构成是"道德与关键能力、教师职业知识与能力以及专业知识与技能"的三维要素目标，即职业教育师资应具备知识、素质与能力三维一体化要求。在此目标下，相应的培养体系应当具备以下的功能：它能够为职业教育师资提供适应未来经济社会发展与学生发展需求的知识结构、能力结构以及职业素养，成就一个人格健全、能力全面、身心健康、持续发展的职业教育教师。围绕职教师资这一核心目标和基本标准，构建师资课程体系、教学活动以及评价方式，能够促进职教师资培养目标的实现。

普通高校培养的职业教育师资通常具备更为扎实的财会专业系统理论知识和财务工作实践能力，但是在教育理论、教学方法与教学技能等方面职业教育技术师范院校更具优势。而对职业院校教师的基本要求，必然是能够胜任本专业教育教学工作；就教师个体而言，又聚焦在能够具备胜任所承担课程教学的能力。因此，尝试探索财会职教师资本硕连读培养体系，其定位应是培养能够胜任财会专业领域的理论教学、实训指导、教育教学管理等工作的职业教育师资。

相比普通财会专业学生的培养，财会职教师资的培养应当更具实践的特质。对于职业教育而言，实践的特质不仅体现在教与学的过程中，同时体现在教师对专业实践技能的掌握之中。作为一名职业教育教师，实践性主要可以从两个方面来理解：第一，教师应在职业道德和专业精神基础上，通过教学活动不断提升教学技能，增进自身的实践智慧，逐步成长为专家型教师。第二，职教教师的实践性也体现在对所教专业的操作技能方面，既要对相关理论有深刻理解，也应成为实践操作方面的专家，即"双师型"教师。

为胜任上述工作，该项目下培养的财会职教师资应当兼具财会专业本科、硕士培养中对人才所期望的特长和素质。其中，前者强调对财会专业完整理论体系的掌握和财会实务能力的获取，后者则强调科学研究、教学、管理等学术能力的获取及理论应用能力的拓展。除此之外，合格的财会职教教师还应当具备继续教育、自我教育、自我提升和发展的基本素质。

三、财会职教师资本硕连读培养体系构想

在上述培养定位的指导下,普通高校财会职教师资本硕连读培养项目需要一套科学可行的培养体系将该理念落地。因为学术型研究生的培养目标是针对学术研究能力的培养,显然不符合本文财会职教师资本硕连读的要求。而会计硕士专业学位研究生(MPAcc)的培养目标是为培养经济建设和社会发展所需要的高层次应用型会计专业人才,其培养目标和理念完全契合财会职教师资的培养。

因此,本文尝试以全日制本科与全日制会计硕士的学制"4+2"为基础,探索构建"六年期、四阶段"培养体系,该体系将是会计学专业或财务管理专业本科生与会计硕士(MPAcc)的贯通培养体系,而该体系的实施和运行也需要与相应配套的课程结构改革并行推进。本文将从体系的构建和课程结构两个层面分别展开。

(一)体系构建

1. 本科财会理论培养阶段

本科第一学年上学期至第三学年上学期的2.5年,与现行会计学专业或财务管理专业本科生培养方案一致,学生须完成公共基础及通识教育层面、专业教育层面(包括学科基础课程及专业知识课程)两个层面的课程学习,修完规定的学分。前者主要包含的课程包括"思想政治理论""高等数学""大学外语"等;后者则主要包括"经济学""管理学""财务会计""管理会计""财务管理"等。

2. 本科财会专业教育工作技能培养阶段

本科第三学年下学期的半年,学生开始进行专业教育层面(工作技能课程)中的必修和选修课程的修习,包括"财务分析""企业会计信息化""税收筹划"等;除此之外还须根据自己的专业兴趣和未来就业方向,从专业特长模块课中选修"财会专业教育模块"的相关课程,包括"心理学""教育学"和"财会专业教学法"等。该模块可以尝试实行限额选修制,并且将其与高校研究生免试入学政策相结合。即在每年的会计硕士免推名额中,单独拿出一部分名额作为财会职教师资方向的免推名额,有意向参与该项目的本科生经考核合格,可免试推荐会计硕士专业学位研究生(MPAcc)就读财会职教师资方向。

3. 本硕衔接阶段

本科第四学年的上学期,学生继续修习专业教育层面(工作技能课程)中未修完的必修、选修和"财会专业教育模块"课程。其中,"财会专业教学法"课程应当以中等财会职业教育教师的职业能力标准为依据,向学生系统教授科学、先进的教学方法和教学技能,帮助学生提升开展职业教育的素质和能力。第四学年的下学期,学生须修习"毕业论文写作""综合模拟试验""国内外顶岗实习"等课程。其中,院系应争取安排参与财会职教师资本硕连读培养项目的学生到职业教育学校进行教育教学实践活动,并且鼓励学生将实习实践与本科阶段毕业论文选题挂钩,争取能够在本科毕业阶段即开始有关

财会职业教育方面教学理论和方法、课程建设与设计等科研工作。除此之外，参与财会职教师资本硕连读培养项目的学生也需要在寒暑假参与国内外企业的顶岗实习工作，培养必要的财会实务技能，以契合其未来的"双师型"定位。

4. 会计硕士教育阶段

在会计硕士教育阶段的第一学年，免推进入会计硕士（MPAcc）就读财会职教师资方向的学生须完成必修课（学位公共课、核心课）、方向课、任选课、论文写作与学术规范等相关课程的学习。其中必修课所有方向的会计硕士研究生都是一致的，方向课则包含职业教育类有关的基础课程和专业课程，包括"课程与教学论""教育心理学""职业教育管理学""财会专业教学法"等。其中，"财会专业教学法"课程应当以高等财会职业教育教师的职业能力标准为依据，向学生系统教授科学、先进的教学方法和教学技能，帮助学生提升开展职业教育的素质和能力。第二学年上学期，学生须完成学位论文开题工作，选题应当紧密联系职业教育理论与实践，并对本科毕业时的初步研究做出延伸和拓展。在该学年中，学生仍须开展相关职业教育见习、实习、调研等工作，这些实践环节均需在相关的职业院校进行，在获得充足的实践经验的基础上投入学位论文写作，争取实现理论与实践的结合。学位论文要突出学以致用，注重解决实际问题，具备创新和实用价值。论文形式可以是研究报告、调研报告或案例分析报告等。同样，为契合社会、经济发展对未来财会职业教育师资的"双师型"定位，财会职教师资方向的会计硕士还需要在硕士教育阶段的前三个学期内参与企业和相关职业院校的实习，累计时间应当在6个月以上，由实习单位出具证明（或实习鉴定），并撰写不少于5000字的调研报告，由导师认定是否授予学分。

（二）课程结构

财会职教师资培养的内容持续深化改革，教学课程设置及结构的不断优化是实现财会职教师资本硕连读培养体系构想的重要保障。目前改革的方向主要体现在未来教师知识、能力与素质三维目标一体，在此基础上开发职教师资课程体系结构。从基本结构看，根据相应的人才培养主题，确定财会职教师资培养课程体系包含德育与通识类课程、财会理论课程、财会专业教育工作技能课程三大体系课程群，不同的课程群承载相应的人才培养功能，应对上述四个阶段的培养需求。

一般来说，本硕连读培养是把研究生培养和本科培养有机结合起来，教学内容前后贯通，避免课程设置上的重复，重在创新能力、实践能力与研究能力的培养。对于财会职教师资本硕连读培养来说，需要突出的就是职业教育教学能力的培养。具体来说，根据上述"六年期、四阶段"培养体系的构想，以会计学专业为例，主要的课程设置如表1所示。

表1 财会职教师资本硕连读培养课程体系设置

阶段	课程
本科财会理论培养阶段	微观经济学、宏观经济学、管理学原理、统计学、管理信息系统、经济法、会计学科概览、基础会计学、金融学、税法、审计学原理、中级财务会计、成本会计、管理会计、财务管理

续表

阶段	课程
本科财会专业教育工作技能培养阶段	内部控制、注册会计师审计与实务、高级财务会计、财务分析、企业会计信息化、税收筹划
本硕衔接阶段	会计专题、职业教育学导论、教育技术导论、教育学、财会专业教学法（中等财会职业教育）、综合模拟实验、本科毕业实习、本科毕业论文
会计硕士教育阶段	财务会计理论与实务、财务管理理论与实务、管理会计理论与实务、审计理论与实务、管理经济学、商业伦理与会计职业道德、课程与教学论、职业教育管理学、教育心理学、财会专业教学法（高等财会职业教育）、职业教育调查、职业教育实习、职业教育见习、研究生毕业论文

以上课程结构涵盖了会计专业理论与实践、职业教育、教学理论与实践的内容，注重职业教育理论、方法与财会专业的特点相结合，将职业教育的理论、方法灵活地融入财会专业教育中。

值得注意的是，职教师资培养课程内容的设计中，尤其重视了理论类课程的比重。理论在教师知识体系、教师发展以及教师专业性的形成过程中具有重要意义。教师在教学实践中对于知识、原理的精确表达能够引导学生理解问题的本质。另外，实践类课程也不容忽视。在上述财会职教师资本硕连读培养体系构想中，参与该项目的学生应当分别在本硕衔接阶段以及会计硕士教育阶段开展两种类型的实习工作：一是与其他财会专业学生要求一致的国内外企业顶岗实习，二是职业教育院校的财会专业对口实习。两种类型的实习要求正是针对社会、经济发展对未来职业教育师资"双师型"定位所提出的，是培养体系中极为重要的一环，对人才培养的导向性、连续性发挥着重要的作用。为更好地保障人才培养质量，扩展财会职教师资培养的外延，普通高校应当在延续自身财会理论教学优势的基础上，为学生提供更多在"社会大学"培养的机会。

（三）体系构建与课程结构的匹配

"六年期、四阶段"财会职教师资培养体系与科学合理的课程结构如能实现高度匹配，能够促使各个阶段人才培养目标的实现。在上述设想下，培养体系的不同阶段指向相应的培养目标：本科财会理论阶段重在解决学生经济、管理及财会专业理论初步学习以及初级技能训练问题。本科财会专业教育工作技能阶段则关注高级专业理论学习、职教教师理论与教学技能学习与训练、教学实习与企业实践。专业硕士阶段重点关注教学设计能力、教学研究能力、课程开发及教育管理等多方面的基础性能力。值得一提的是，专业硕士阶段根据已经形成的明确的教师专业定向，突出学生综合运用职业教育理论与方法，解决教育教学与学生管理工作中的实际问题，能够奠定教师入职之前的基础。

四、财会职教师资本硕连读培养的基础设施保障

对于普通高校财会职教师资本硕连读培养项目来说，上述师资培养体系的落地需要

坚实的基础设施、政策制度给予保障。具体来说，普通高校一方面应当响应国家对职业教育工作提出的"产教融合""校企合作"号召，在微观教学领域推进"校企一体化育人"工程；一方面应当积极寻求职业教育院校共建教学实践和合作研究基地，为学生对口的实践教育教学提供更多机会，也促进普通高校与职业教育院校在职业教育理论与教学实践方面进行有益探讨。

（一）普通高校推进"产教融合"纵深发展

在我国目前关于职业教育的政策文件、理论研究以及教学实践中，"现代学徒制"以及"产教结合"等成为重要的研究主题。《国务院关于加快发展现代职业教育的决定》要求开展"现代学徒制试点"，更是将"产教融合"列为我国加快发展现代职业教育的重要指导思想和基本原则。这就为各大国家职教师资培养培训基地以及师范学校开展师资培养工作提供了新思路。针对未来的培养对象，即中等、高等职业院校的学生的教育教学尚需要"产教融合"的支持；而未来的培养主体，即参与普通高校财会职教方向的本硕连读项目的学生、未来的财会职教师资更需要在初始培养阶段就通过"产教融合"获取更多的教育教学技能。

首先，普通高校可以尝试积极探索与企业联合办学的新模式，通过双向沟通实现高校与企业各自优势资源的共享。第一，"引进来"，将企业的资深财务人员（如财务总监等）请进课堂，将企业对专业技能的训练嵌入日常教学过程中，将企业对员工的培养模式融入高校的人才培养方案中，邀请实务界专家共同制定专业的发展方向，共同制定专业课程的目标和课程体系，与企业共建"双元师资工作站"，高校企业联手共同培养专业教师，提升教师双师能力和素质。

其次，"走出去"，即学生走出学校、深入企业实务。在实践教学场地安排方面，应该以不增加企业负担或者能为企业创造收益为目标，当实践教学场地在企业时，学生能起到顶岗作用。在企业实习、实践内容方面，财会专业的师资培训可以根据中等、高等院校财会类专业学生的实践教学的目标制定，但具体要求应当在整体上高于该目标。一是让学生学会运用专业理论来解决某企业实践问题，例如，财会类专业会计核算实践教学应引导学生依据《中华人民共和国会计法》《企业会计制度》《会计基础工作规范》《会计档案管理办法》等规定对企业的经济业务进行账务处理，二是引导学生尝试解决某类企业具有共性的实践问题，例如某类型或某行业企业的经济业务核算、成本核算等。

最后，加大校企合作，进行教材与教学资源库的修订和补充。财会类职教师资的教学要求应当不仅体现操作性，而且需要反映国家最新的会计核算制度。但是，由于实践教材或教学资料大多数都是以制造类的大型企业为例，内容单一，几乎很少有以第三产业和小微企业为例的实践案例；近年来，财政部和国家税务总局对有关会计制度、税制进行不断地改革，而教材编写一般比较滞后，教材内容难以反映最新变化。因此财会类职教师资的教学应当与企业开展合作，给予学生实务操作机会的同时，实现企业的财务和税务新规定、新做法与学校教学内容的对接，将企业中的真实案例进行整合，充分吸收企业财务管理人员的意见和建议，开发具有实用性的、符合行业规范的教材，同时开发为课程服务的教学资源库，满足学生课堂及课后实践的需要。

（二）普通高校与职业教育院校共建教学实践和合作研究基地

一名优秀的财会职业教育教师除了应当是一位财会实务操作专家，也应当是一位教学专家。教师的核心实践就是课程的创造与学生学习内容与方式的设计，只有当教师拥有了高度的实践能力与专业智慧，才有能力设计、反思、组织学生的学习活动等。在长期的大量实践与探索中，教师逐步形成与丰富自身的"实践智慧"，因为教学生活总是充满着各种不确定性，只有具有创造性的、经验丰富的教师才能在教学实践中充分利用这种不确定性，以自己的实践智慧对教学工作进行反思与判断，从而生成新的教学智慧。这种宝贵的教学实践对财会职教师资的培养来说不可或缺，因此普通高校与职业教育院校共建教学实践和合作研究基地将是一种有益尝试。

教学实践是创造性的，教学技能与教学技艺是在教学中生成的，如果把教学技法分解为各种技能，并将其从教学实践的语境中分离出来加以训练，也不要期望这些技能会在教学中得到活用。普通财会类专业毕业生的就业去向多为企业、会计师事务所、金融机构等。而财会职教师资本硕连读培养项目的毕业生多数将进入中等、高等职业技术教育院校从事财会专业的教育教学工作。因此，普通高校应当积极寻求当地各大职业技术教育院校的合作，合作开展专业对口顶岗实习项目，为学生打通提前开展教学演练、了解受众需求、获取教学技能的渠道，帮助学生获取微格训练（Microteaching）、中职学校现场实习与课堂教学（分本硕衔接阶段与会计硕士教育阶段）的机会，并且经过足够教学反思与研究，为真正理解教学奠定基础。

除专业对口顶岗实习项目外，普通高校还可以与职业技术教育院校开展教育理论、教学方法等方面的研究与探讨，如探索适合职教师资培养的案例教学法、任务驱动教学法、情景教学法等。在实施多元化教学方法过程中，让学生理解并运用职业教育教学方法，熟练掌握各类教学技能，进而形成真正的教学艺术与专业智慧。这些措施都能突破财会职教师资培养工作与职业学校教学之间的边界，有力弥合职教师资培养与教学需求间的差距，为教师专业发展与双师型教师队伍的培养奠定坚实基础。同时，这也为中等、高等职业技术院校有效反哺职教师资培养单位提供了机会。

五、结语

教师培养是职教师资队伍建设的基础，也是实现职业教育现代化的重要条件。改进职教教师培养质量重在培养体系创新，进行制度框架、培养内容体系、培养模式以及教学方式等方面的综合改革。本文构建的财会职教师资本硕连读培养体系能够较为全面地涵盖财会专业理论体系与实务、财会职业教育教学理论与实践两项培养内容，更符合财会职教师资的培养定位和市场需求；职业教育理论与教学方法在财会专业教育中得以渗透，实施过程中更具可行性和灵活性；本硕贯通的培养方式也能促使人才培养更具导向性和连续性。

该体系在实践中的探索应当循序渐进，前期的课程设置、教学安排、教学形式可能需要沿用现行财会专业培养方案,对财会专业理论体系与实务的培养居多;随着前期阶段的完成,财会职教师资本硕连读培养模式应当逐渐向着设置专门的财会职业教育专业、本硕贯通培养的方向发展。在实践中,应当将职业教育理论与方法直接融入财会专业本硕各个教育层面的课程内容中,在每门专业课程的各部分教学内容中,除学习财会专业知识之外,还需要安排教学内容分析、教学方法采用、教学组织形式选择、教学案例设计等教学讨论活动,使财会职业教学理论与方法渗透到每一门的专业课程教学中。在社会对职业教育需求越来越高的未来,构建"本—专硕—专博"贯通培养模式也将成为必然的发展趋势。

主要参考文献

[1] 李爱香. 依托职业教育集团校企合作的实践教学模式研究——以高职财会类专业为例 [J]. 劳动保障世界, 2017 (17): 49-50.

[2] 刘其晴. 欧洲职教师资专业发展对我国的启示 [J]. 安顺学院学报, 2018, 20 (04): 79-82+99.

[3] 唐智彬. 现代职业教育教师培养机制创新探索 [J]. 中国职业技术教育, 2018 (12): 72-77.

[4] 于卫兵. 财会职业教育方向本硕连读培养模式探索 [J]. 财会月刊, 2017 (21): 64-68.

[5] 俞启定. "双师型"教师的定位与培养问题辨析 [J]. 教师教育研究, 2018, 30 (04): 30-36.

[6] 袁新苗. 全国职教师资培养培训基地建设方略——以浙江工业大学基地为例 [J]. 浙江工业大学学报(社会科学版), 2012, 11 (02): 132-135.

客户集中度、市场竞争与营运资金管理效率

程昔武 程 炜 纪 纲[①]

摘 要 营运资金作为企业财务管理的重要内容，贯穿企业经营全过程。本文选取2012~2016年中国A股上市公司财务数据，实证分析客户集中度与营运资金管理效率关系。结果表明客户集中度越高，营运资金管理效率越低。进一步研究发现，客户集中度与营运资金管理效率关系因市场竞争程度不同而存在差异，企业所处的外部市场竞争越激烈，客户集中度对营运资金管理效率作用越显著。研究结论对于企业进行客户关系管理，提高营运资金管理水平，提高企业核心竞争力和实现企业目标具有一定的启示作用。

关键词 客户集中度；市场竞争；营运资金管理效率

一、引言

营运资金作为企业鲜活生命力的象征，贯穿于企业经营管理活动的各个领域，加强营运资金管理是企业集聚核心竞争力、提高盈利能力的重要措施，其管理水平的高低也将直接影响到企业绩效目标的实现程度。营运资金管理是企业财务管理的重要内容，良好的营运资金管理是企业生存与发展的基础。在当前经济全球化面临挑战、发展速度放缓的背景下，企业要凝练内功以实现可持续成长，营运资金管理地位就显得更为突出，如何提高营运资金管理水平受到实务界空前的关注。而企业营运资金管理水平的高低一般通过分析营运资金管理效率来作出判断，因此，企业营运资金管理效率的评价及其影响因素已成为研究者关注的焦点。

关于企业营运资金管理效率的研究，国外早期偏向于孤立研究营运资金内部单个要素，首次出现现金周转期这个概念并将其作为营运资金管理效率的衡量指标，该指标综合考虑流动资产部分要素，因而相比传统指标更为全面衡量营运资金管理效率。后期进一步将其修正为加权现金周转期模型（James A. Gentry, 1990）。国内方面，现金周期仍

[①] 作者简介：程昔武，男，安徽财经大学教务处副处长，教授；邮编：233030；E-mail: dcxw@163.com。程炜，女，安徽财经大学硕士研究生；邮编：233030；E-mail: 970527652@qq.com。纪纲，女，安徽财经大学会计学院副教授；邮编：233030；E-mail: jg9715@126.com。

然被学者普遍采用以进行营运资金管理相关研究（孔宁宁等，2009；曹玉珊，2013）。但该指标仅考虑了应收账款、应付账款、存货三个要素而未实现对流动负债部分的考察，未能全面考察营运资金内在联系。随着供应链理论、客户关系管理等理论发展，王竹泉、马广林（2007）首次基于渠道视角对营运资金展开研究，二者相结合，对营运资金进行重分类，并建立了基于渠道的营运资金管理新的评价指标体系，营运资金管理研究进入了新的发展阶段。

关于营运资金管理效率影响因素的研究也一直是理论界关注重点。已有文献对营运资金影响因素分析可以从宏观与微观两个层面进行。宏观方面包括企业所处的外部经济环境（Chiou等，2006）、市场地位（Kenneth Nunn等，1981）、制度框架（杜媛，2013）等。王竹泉（2010）基于我国经济环境、政府政策及行业活动特点等宏观层面综合分析营运资金管理绩效水平形成原因。从微观层面来看，营运资金管理影响因素主要包括公司规模、公司治理、内部控制、企业价值等。公司规模方面，有研究分析企业规模与营运资金管理水平呈显著正相关关系（王贞洁，2017）。公司治理方面，高洁等（2017）从高管背景特征角度出发，研究发现高管财务及受教育背景等对营运资金管理效率具有显著影响；朱大鹏等（2015）基于CFO背景特征角度，发现CFO年龄、学历、职业经历等均与营运资金管理绩效呈显著相关性。内部控制方面，高水平的内部控制有效性有助于管理者做出正确的投资决策，提高投资效率，进而对营运资金管理产生正向影响（姚乔茜，2017）。此外，Nazir和Afza（2008）研究发现企业价值对营运资金需求有显著影响。这些对营运资金管理效率的影响因素仅局限于公司个体价值分析而割裂了供应链上下游的利益相关者之间相互依赖关系，所以不能全面分析营运资金管理效率。营运资金管理最终目标应是放眼于整个供应链价值而不仅仅追求企业个体利益最大化。本文的研究重点不仅从企业自身利益出发，还综合考虑利益相关者的利益，从客户视角分析客户集中度对营运资金管理效率的作用机理。

在现代市场经济条件下，客户作为企业的外部利益相关者，是企业获得持续竞争优势和实现可持续发展的保障，所以良好的客户关系也是企业提高营运资金管理水平的重要前提之一。而客户集中度作为客户关系的重要衡量指标，能够较为直观反映企业与客户双方合作关系程度，有助于企业做出正确的管理决策。因此，越来越多的企业逐渐重视客户关系管理，以实现整个供应链流程的优化为目标，制定财务策略，实现有效的营运资金管理。目前关于客户集中度研究仍然不足，研究大多与供应商关系相结合（朱开悉等，2018；李艳平等，2016），研究内容主要涉及其与企业价值关系（田志龙等，2015；王亚娟等，2014）、其与财务效应关系：与现金流量和财务风险正相关（Wang，2012）、与权益资本成本负相关（陈峻等，2015）、与财务毛利率呈负相关关系（黄晓波，2016）。那么在供应链中，下游客户集中度是否以及如何影响企业营运资金管理效率呢？市场竞争是否会加深客户集中度对营运资金管理效率的影响呢？这是本文要解决的主要问题。

二、理论分析与假设提出

营运资金管理作为企业财务管理的重中之重，如何保持最佳的营运资金管理水平是企业长期追求目标。而客户作为企业外部重要利益相关者之一，与企业保持长期密切的经济联系。在企业与客户合作关系中，外部客户作为需求信息的提供方，其所拥有的外部资源决定其与企业的合作关系中拥有较强话语权和议价能力，因而在价格谈判方面更为有利。从客户集中度角度来看，客户集中度较低时，企业拥有的客户数量较多且客户占比较为均衡，企业对单个客户的依赖程度较低，因而处于优势地位，此时企业为获取更多利益就会提高销售价格，加快企业经营过程中的现金流入（张胜等，2013）。而客户集中度越高，大客户的销量占比越大，客户出于自身利益会在双方谈判中向企业索取更多优惠政策，包括努力压低产品价格、降低付现的可能性以实现自身利益最大化，这必然会使企业的利润率降低。企业为维持长久稳定的客户关系，会向下游客户投入更多人、物、财资源，导致大量资金用于生产环节以加快供货速度，及时满足客户需求。但高客户集中度带来的销量过于集中，导致企业对单个客户依赖程度较高，这种潜在不稳定因素可能会导致产成品过于短缺或者大量积压，还可能会导致应收款回收速度较慢甚至造成严重坏账损失和较高的赊销风险（Campello M.等，2017），以及较高的负债水平（Kale等，2007），最终对企业营运资金管理带来负面影响，降低企业营运资金管理水平，企业经营风险随之增加，不利于企业经营目标和财务绩效的实现。一旦主要客户流失，最终造成的财务风险和损失会给企业经营带来致命冲击，使企业难以承受。

基于此，本文提出假设一：

H1：客户集中度越高，企业对主要客户的资金投入量越大，企业的营运资金周转期越长，营运资金管理效率越低。

企业营运资金管理效率不仅与企业的内部特征有关，企业的外部环境因素也至关重要。从企业外部来看，国家政策与制度、市场竞争程度、行业活动特点等都会影响到企业的营运资金管理。而市场竞争力作为企业外部关键因素之一，已有研究表明，企业的市场竞争力对企业的资金结构（刘志彪等，2003）、生产效率（姜付秀等，2008）、财务战略（巫红艳等，2012）等都产生一定影响。基于已有文献，可以初步得出市场竞争对于营运资金管理效率产生正向影响。

在市场竞争愈发激烈的背景下，买方市场扮演主导角色，大客户作为企业获得竞争优势的重要资源，在企业持续经营中扮演无可替代的重要角色。因此，企业所处的外部市场竞争越激烈，企业关键客户流失的可能性越大，客户出于自身利益可能会随时中断与企业合作甚至转向选择竞争企业交易。所以当企业客户集中度较高时，重要客户的流失必然对企业现金流入和营业收入产生严重影响，低于预期财务目标（Hertzel等，2008）。为提升企业核心竞争力，在市场中得以持续稳定的经营，企业维持与大客户的合作关系显得尤为重要，企业为管理与客户的稳定关系，就会投入更多资金集中于销售环节以对客户需求信息及时作出反应，从而导致营运资金的大量占用，降低营运资金管理效率。同时，客户在面临众多同质竞争企业的情况下，其优势地位更加明显，这势必使客户在谈判中有着较强的议价能力（Itzkowitz J.等，2013），通常表现为大客户要求企业提供更多的库存，更高的优惠条件（李姝等，2017），其结果会导致企业库存商品及赊销额的增加，降低营运资金管理效率。因此，外部市场竞争越激烈，较高的客户集中度给企业带来的劣势地位越明显。

基于此，本文提出假设二：

H2：企业所处的外部市场竞争越激烈，客户集中度对营运资金管理效率的作用越显著。

三、研究设计

（一）样本选取与数据来源

本文以 2012～2016 年我国全部 A 股上市公司为研究样本，并对样本作出下列处理：（1）删除金融类上市公司；（2）剔除在研究时间内被 ST、*ST 的公司；（3）删除财务数据缺失和数据异常的样本。为避免极端值对本研究的影响，本文对连续变量在 1% 和 99% 的水平上进行了 Winsorize 处理。经过筛选和处理后，最终获得 8135 个观测值。样本公司的数据均来自 CSMAR 数据库。本文主要使用 Stata12.0 软件进行数据的处理和分析。

（二）变量选择

1. 被解释变量

本文用基于渠道评价的经营活动营运资金周转期（DOC）作为营运资金管理效率的衡量指标。借鉴前人的研究，营运资金周转期越短，营运资金管理效率越高。本文采用王竹泉等（2007）营运资金分类，采用经营活动营运资金周转期可以更具体衡量市场竞争力、客户集中度和营运资金管理效率之间的关系。计算公式如下：

经营活动营运资金周转期 = 采购渠道营运资金周转期 + 生产渠道营运资金周转期 + 营销渠道营运资金周转期 =（材料存货 + 预付账款 - 应付账款、应付票据）÷（营业收入/360）+（在产品存货 + 其他应收款 - 应付职工薪酬 - 其他应付款）÷（营业收入/360）+（成品存货 + 应收账款、应收票据 - 预收账款 - 应交税费）÷（营业收入/360）

2. 解释变量

客户集中度指标反映不同客户在企业占比情况，进而在一定程度上反映企业与外部客户之间的合作关系程度。本文采用李姝等（2017）的研究成果，以企业前五大客户销售额占销售总额的比例来衡量客户集中度。

市场竞争：现有文献主要通过租金、市场占有率、行业集中率、行业规模、主营业务利润率、产业内公司数目、赫芬因德指数（HHI）等指标来衡量企业市场竞争程度。本文采用行业集中率（CR）来衡量市场竞争程度。因其是负向指标，为了便于研究，本文对该指数进行正向化处理。

3. 控制变量

为了控制其他因素对营运资金管理效率的影响，本文在实证模型中引入以下控制变量：股权集中度（Cent），由上市公司前三大股东持股比例求和计算得出，用来衡量公司治理水平；资产负债率（Lev），反映企业的偿债能力，企业的偿债能力会影响营运资金管理效率；资产报酬率（ROA），反映企业对各项资金的利用效率，资产报酬率的高低对营运资金管理水平产生重要影响；公司规模（Size），本文用总资产取对数作为其衡量指标，企业规模越大，越不利于企业对营运资金的控制和管理；公司成长机会（Growth），用企业销售收入增长率衡量。企业销售收入增长越快，产品的销售周期缩短，进而影响营运资金周转期。此外，本文还控制了年度和行业对营运资金管理效率的影响。变量定义如表1所示。

表1　　　　　　　　　　　　　变量定义

变量类型	变量名称	变量符号	变量说明
被解释变量	经营活动营运资金周转期	DOC	采购渠道营运资金周转期＋生产渠道营运资金周转期＋营销渠道营运资金周转期
解释变量	客户集中度	Buyer	本期前五名客户销售额/本期公司总销售额
	市场竞争	CR	行业集中率
控制变量	资产报酬率	ROA	（利润总额＋财务费用）/平均资产总额
	资产负债率	Lev	总负债/总资产
	公司治理水平	Cent	公司前三大股东持股比例
	公司规模	Size	总资产取对数
	公司成长机会	Growth	销售收入增长率
	年度	Year	虚拟变量，控制年度对营运资金管理的影响
	行业	Ind	虚拟变量，控制行业对营运资金管理的影响

（三）模型构建

为了验证假设一，本文参考了张丹等（2016）的研究成果，建立了模型（1）：

$$DOC_t = \beta_0 + \beta_1 Buyer_t + \beta_2 ROA_t + \beta_3 Cent_t + \beta_4 Lev_t + \beta_5 Size_t + \beta_6 Growth_t + \Sigma Year + \Sigma Ind + \varepsilon_t \quad (1)$$

为了验证假设二，本文基于模型（1），加入市场竞争作为解释变量，建立了模型（2）：

$$DOC_t = \beta_0 + \beta_1 Buyer_t + \beta_2 CR_t + \beta_3 ROA_t + \beta_4 Cent_t + \beta_5 Lev_t + \beta_6 Size_t + \beta_7 Growth_t + \Sigma Year + \Sigma Ind + \varepsilon_t \quad (2)$$

四、实证检验与结果分析

（一）描述性统计

本文对各变量进行描述性统计，结果如表2所示。由表2可得，经营活动营运资金周转期(DOC)的均值为121.0792,中位数为83.2644,最大值为1234.4193,最小值为-346.0229,说明样本公司营运资金周转期差距较大,企业的营运资金管理效率差异较大;客户集中度(Buyer)的最大值为0.9472,最小值为0.0130,均值为0.3041,说明样本公司间的客户集中度差距较大,客户关系差异明显。市场竞争力(CR)的最大值为-0.1319,最小值为-0.9589,均值为-0.4545,说明样本公司之间的核心竞争力差异较大;股权集中度(Cent)的均值为0.4864,说明样本公司前三大股东持股比例之和平均为48.64%,反映出样本公司的股权集中程度普遍较高;资产报酬率(ROA)的最大值为0.2188,最小值为-0.1319,标准差为0.0505。资产负债率(Lev)的标准差为0.2104,最小值为0.0479,最大值为0.8986,说明样本公司之间的资产报酬率和资产负债率存在一定差距;公司规模(Size)的平均值为21.9929,标准差为1.2113,说明样本公司规模存在一定差异;公司成长机会(Growth)的平均值为0.1719,标准差为0.4533,说明样本公司发展水平存在一定差异。

表2　　　　　　　　　各变量的描述性统计结果

变量	观测值	均值	中位数	标准差	最小值	最大值
DOC	8135	121.0792	83.2644	205.4369	-346.0229	1234.4193
Buyer	8135	0.3041	0.2468	0.2139	0.0130	0.9472
CR	8135	-0.4545	-0.4272	0.1887	-0.9589	-0.1319
Lev	8135	0.4261	0.4138	0.2104	0.0479	0.8986
Size	8135	21.9929	21.8257	1.2113	19.5981	25.7313
Growth	8135	0.1719	0.0893	0.4533	-0.5207	2.9393
Cent	8135	0.4864	0.4842	0.1542	0.1658	0.8468
ROA	8135	0.0484	0.0444	0.0505	-0.1319	0.2188

(二)相关性分析

表3报告了模型中各变量的皮尔逊相关系数。客户集中度(Buyer)与经营活动营运资金周转期(DOC)负相关,但不显著。市场竞争(CR)与经营活动营运资金周转期(DOC)正相关,且在1%的水平上显著。说明市场竞争越激烈,企业可能面临的竞争压力越大,企业就要投入更多资金及时调整财务战略以应对外部市场变化,进而对营运资金管理产生不利影响。股权集中度(Cent)、资产报酬率(ROA)、资产负债率(Lev)、企业规模(Size)都与经营活动营运资金周转期(DOC)在1%水平上显著为负。说明公司的治理水平、偿债能力以及盈利能力都会对营运资金管理产生不同程度影响。公司成长机会(Growth)与经营活动营运资金周转期(DOC)在5%水平上显著负相关。上述相关关系初步检验了我们在研究中考虑这些因素的合理性。

表 3　　　　　　　　　　　各变量之间的 pearson 相关系数

	DOC	Buyer	SC	Cent	ROA	Lev	Size	Growth
DOC	1.000							
Buyer	-0.008	1.000						
CR	0.067***	-0.099***	1.000					
Cent	-0.055***	0.000	-0.109***	1.000				
ROA	-0.104***	-0.032***	0.022**	0.129***	1.000			
Lev	-0.055***	-0.042***	-0.122***	-0.011	-0.223***	1.000		
Size	-0.041***	-0.128***	-0.131***	0.200***	0.062***	0.515***	1.000	
Growth	-0.023**	0.057***	0.020*	0.019*	0.256***	0.025**	0.027**	1.000

注：*、**、*** 分别表示在 10%、5%、1% 的水平上显著，下同。

（三）回归结果分析

表 4 报告了客户集中度与经营活动营运资金周转期关系的回归结果。表 4 模型（1）回归结果显示，客户集中度（Buyer）前系数为 56.4855，且在 1% 水平上显著，表明客户集中度越高，企业对主要客户的资金投入量越大，营运资金周转期越长，营运资金管理效率越低，假设 1 成立。公司成长机会（Growth）与经营活动营运资金周转期（DOC）显著负相关，说明公司发展水平越快，营运资金周转期越短，进而提高营运资金管理效率。资产报酬率（ROA）与经营活动营运资金周转期（DOC）显著负相关，说明企业的盈利能力越好，获利越多，资金越充足，存货供销速度越快，资金周转速度越快，更有利于企业提高营运资金管理水平。资产负债率（Lev）前系数为负，且在 1% 水平上显著，说明企业的偿债能力越强，企业资金越充分，企业的经营风险就越低，有助于企业提高营运资金管理水平。企业规模（Size）与经营活动营运资金周转期（DOC）显著正相关，说明企业在产生规模经济等竞争优势的同时，更容易产生利益矛盾冲突，内部之间的沟通协调成本较高，不利于企业尽快做出准确合理的决策，这也会增加营运资金管理的难度，对营运资金管理效率产生负向影响。股权集中度（Cent）前系数为 38.3265，说明其与经营活动营运资金周转期（DOC）显著正相关。

表 4　　　　　　　客户集中度与经营活动营运资金周转期回归分析结果

变量	模型（1）	
	系数	t 值
Buyer	56.4855***	4.166
Lev	-161.7165***	-11.052
Size	8.5795***	2.615
Growth	-32.2671***	-10.500
Cent	38.3265*	1.769
ROA	-153.7118***	-4.291
_cons	-21.5293	-0.288
行业	控制	控制
年度	控制	控制
观测值	8135	

表5报告了客户集中度、市场竞争和经营活动营运资金周转期回归分析结果。在全样本中,发现市场竞争(CR)与经营活动营运资金周转期(DOC)显著负相关,说明市场竞争程度越激烈,经营活动营运资金周转期越短。本文选取市场竞争(CR)中位数-0.4272,进一步将样本分为高市场竞争程度和低市场竞争程度两组,分组后结果如表5所示,在高市场竞争程度组中,客户集中度(Buyer)的系数为118.1929,在1%的水平上显著为正,而在低市场竞争程度组中,客户集中度(Buyer)的系数为正,但不显著。说明在市场竞争程度较低的情况下,企业所面临的竞争压力较小,客户的优势地位不明显,企业对客户的依赖程度不会过高,客户集中度对企业营运资金管理效率的作用较小。市场竞争程度较高的情况下,企业所面临的竞争压力较大,对下游客户的依赖程度较高,客户集中度与经营活动营运资金管理效率的关系越显著。该结果验证了假设2。

表5　客户集中度、市场竞争与经营活动营运资金周转期回归分析结果

变量	低市场竞争程度		高市场竞争程度		全样本	
	系数	t值	系数	t值	系数	t值
Buyer	7.5640	0.487	118.1929***	5.574	56.8230***	4.197
CR					-98.1221***	-4.174
Cent	43.5744*	1.728	32.9545	0.998	24.9583	1.141
ROA	-65.8536*	-1.648	-266.7032***	-4.910	-157.4665***	-4.401
Lev	-166.7032***	-9.554	-153.7611***	-6.984	-161.4102***	-11.046
Size	12.3694***	3.003	0.5994	0.122	10.7815***	3.249
Growth	-21.1576***	-5.898	-32.5288***	-6.747	-32.3436***	-10.540
_cons	-115.0909	-1.224	158.9856	1.430	-108.0949	-1.397
行业	控制	控制	控制	控制	控制	控制
年度	控制	控制	控制	控制	控制	控制
观测值	4042		4093		8135	

五、稳健性检验

为了保证文章结论的可靠性,本文改变客户集中度的衡量方法,选取企业第一大客户销售额占销售总额的比例来衡量客户集中度。表6和表7分别报告了客户集中度与经营活动营运资金周转期关系的回归结果以及按市场竞争程度高低分组回归结果。由表6可以得出,客户集中度(Buyer)与营运资金周转期呈显著正相关关系,市场竞争(CR)与经营活动营运资金周转期(DOC)显著负相关。按照上文分组方法,进一步将样本分为高市场竞争程度和低市场竞争程度两组,分组回归结果显示,在高市场竞争程度组中,客户集中度(Buyer)的系数为87.8809,在1%的水平上显著为正,而在低市场竞争程度组中,客户集中度(Buyer)的系数为50.1794,在5%的水平上显著为正。说明市场竞争程度越激烈,二者相关关系越显著。总体上回归结果与上述结论无实质性差异,再次验证本文假设。

表 6 客户集中度与经营活动营运资金周转期回归分析结果

变量	模型（1）	
	系数	t 值
Buyer	56.3610***	3.307
Lev	−173.002***	−11.558
Size	9.9964***	3.006
Growth	−32.8391***	−10.723
Cent	47.9282**	2.165
ROA	−140.7577***	−3.851
_cons	−43.9608	−0.584
行业	控制	控制
年度	控制	控制
观测值	8223	

表 7 客户集中度、市场竞争与经营活动营运资金周转期回归分析结果

变量	低市场竞争程度		高市场竞争程度		全样本	
	系数	t 值	系数	t 值	系数	t 值
Buyer	50.1794**	2.570	87.8809***	3.347	56.2075***	3.303
CR					−96.0091***	−3.983
Cent	53.5813**	2.058	46.4584	1.386	35.3240	1.582
ROA	−42.6377	−1.036	−258.63***	−4.678	−143.7968***	−3.939
Lev	−181.1023***	−10.087	−165.6984***	−7.378	−172.7944***	−11.558
Size	14.1677***	3.365	3.1642	0.639	12.2009***	3.623
Growth	−23.0764***	−6.429	−35.6771***	−7.393	−32.9438***	−10.770
_cons	−159.9094	−1.674	124.4065	1.115	−129.8499*	−1.661
行业	控制	控制	控制	控制	控制	控制
年度	控制	控制	控制	控制	控制	控制
观测值	4091		4132		8223	

六、结论与启示

本文以 2012~2016 年中国 A 股上市公司为研究对象，主要研究了客户集中度对营运资金管理效率的影响，以及研究不同市场竞争程度是否会影响客户集中度与营运资金管理效率关系。研究结果表明：（1）客户集中度越高，企业对外部客户的依赖程度越高，对客户管理的资金占用量越大，营运资金管理效率越低；（2）客户集中度对营运资金管

理效率的影响会因市场竞争程度的不同而不同，市场竞争程度越激烈，企业所面临的竞争压力越大，对下游客户的依赖程度越高，客户集中度与营运资金管理效率的关系越显著。

本文的研究结论对于明确客户集中度对营运资金管理效率的作用机理，对企业实现有效的客户关系管理和营运资金管理具有一定的启示作用。企业应根据所处外部行业竞争情况和内部经营状况，合理配置营运资金，优化客户关系管理，提高营运资金管理效率。在保证营运资金持有量充足的前提下，保持营运资金最优程度的流动性，才能保证企业实现持续经营和发展。

主要参考文献

［1］Campello M，Gao J. Customer Concentration and Loan Contract Terms［J］. Journal of Financial Economics，2017，123（1）：108 - 136.

［2］Gentry J A，Vaidyanathan R，Lee H W. A Weighted Cash Conversion Cycle［J］. Financial Management，1990，19（1）：90 - 99.

［3］Itzkowitz J. Customers and Cash How Relationships Affect Suppliers Cash Holdings［J］. Journal of Corporate Finance，2013，5（19）：159 - 180.

［4］Jeng - RenChiou，LiCheng，Han - WenWu. The Determinants of Working Capital Management［J］. The Journal of American Academy of Business，2006，10（1）：149 - 155.

［5］Kale J R，Shahrur H. Corporate Capital Structure and the Characteristics of Suppliers and Customers［J］. Journal of Financial Economics，2007，83（2）：321 - 365.

［6］Kenneth P. Nunn. The Strategic Determinants of Working Capital：A Product - line Perspective［J］. The Journal of Financial Research，1981：23 - 26.

［7］Nazir M. S.，Afza T. On the Factor Determining Working Capital Requirements［J］. Proceedings of ASBBS，2008，15（1）：293 - 301.

［8］Wang J. Do Firms' Relationships with Principal Customers/Suppliers Affect Shareholders' Income?［J］. Journal of Corporate Finance，2012，18（4）：860 - 878.

［9］曹玉珊. 经营性营运资金管理效率与企业绩效的相关性——来自中国上市公司的经验证据［J］. 当代财经，2013（8）：109 - 120.

［10］陈峻，王雄元，彭旋. 环境不确定性、客户集中度与权益资本成本［J］. 会计研究，2015（11）：76 - 82.

［11］杜媛. 采购渠道营运资金的制度影响框架构建［J］. 商业会计，2013（1）：23 - 25.

［12］高洁，罗婷，尹会军. 营运资金管理、高管团队特征与IPO抑价［J］. 财会通讯，2017（33）：92 - 96 + 129.

［13］黄晓波，张琪，郑金玲. 上市公司客户集中度的财务效应与市场反应［J］. 审计与经济研究，2015，30（2）：61 - 71.

［14］姜付秀、屈耀辉、陆正飞、李焰. 产品市场竞争与资本结构动态调整［J］. 经济研究，2008（4）：99 - 110.

［15］孔宁宁，张新民，吕娟. 营运资本管理效率对公司盈利能力的影响——基于中国制造业上市公司的经验证据［J］. 南开管理评论，2009，12（6）：121 - 126.

[16] 李姝, 王笑之, 翟士运. 客户集中度、产权性质与营运资本决策 [J]. 财经问题研究, 2017 (6): 72-78.

[17] 李艳平, 陈正林, 朱忆琳. 企业供应商、客户关系及供应链整合对现金持有量的影响 [J]. 统计与决策, 2016 (14): 171-174.

[18] 刘志彪、姜付秀、卢二坡. 资本结构和产品市场竞争程度 [J]. 经济研究, 2003 (3): 60-67+91.

[19] 田志龙, 刘昌华. 客户集中度、关键客户议价力与中小企业绩效——基于中小企业板制造业, 上市公司的实证研究 [J]. 预测, 2015 (4): 8-13.

[20] 王竹泉, 刘文静, 高芳. 中国上市公司营运资金管理调查: 1997—2006 [J]. 会计研究, 2007 (12): 69-75+97.

[21] 王竹泉, 徐金泉. 渠道融合、协同与营运资金管理绩效提升——基于农林牧渔业供应链运作的多案例研究 [J]. 财会月刊, 2010 (12): 3-5.

[22] 王亚娟, 刘益, 张钰. 关系价值还是关系陷入?——供应商与客户关系耦合的权变效应研究 [J]. 管理评论, 2014 (2): 165-176.

[23] 王贞洁, 王竹泉. 基于供应商关系的营运资金管理——"锦上添花"抑或"雪中送炭" [J]. 南开管理评论, 2017 (2): 32-44.

[24] 巫洪艳. 财务管理目标与企业财务核心竞争力研究 [J]. 企业研究, 2012 (24): 87-88.

[25] 姚乔茜. 内控有效性对营运资金管理效率的影响——基于电力行业的实证 [J]. 财会通讯, 2017 (32): 35-39.

[26] 张丹, 李永翀. 董事会资本对投资效率影响的实证分析——基于"一揽子计划"下国有上市公司 [J]. 财会月刊, 2016 (32): 115-119.

[27] 张胜. 供应商——客户关系与资产结构: 来自我国制造业上市公司的经验证据 [J]. 会计论坛, 2013 (1): 89-99.

[28] 朱大鹏, 孙兰兰. CFO背景特征、高管激励与营运资金管理绩效 [J]. 会计之友, 2015 (5): 23-27.

[29] 朱开悉, 胡秀峰. 供应商/客户集中度、专用性资产与企业成本粘性 [J]. 会计之友, 2018 (6): 112-118.

智力资本、利益相关者与营运资金管理协同的策略模型

韩沚清　韩瑞雪[①]

摘　要　本文首先对智力资本和企业利益相关者进行了分类，然后介绍了不同类型智力资本、利益相关者和不同渠道营运资金的特点，最后融合营运资金管理与供应链理论，探寻智力资本、利益相关者与营运资金管理协同的策略。本文得出以下结论：基于智力资本与营运资金管理关系的角度，采购阶段采取的是谨慎型管理策略和加强型管理策略，生产阶段采取的是主动型管理策略、加强型管理策略和激励型管理策略，营销阶段采取的是谨慎型管理策略和加强型管理策略，投融资阶段采取的是主动型管理策略和激励型管理策略。基于利益相关者与营运资金管理关系的角度，采购阶段采取的是谨慎型管理策略，生产阶段采取的是主动型管理策略，营销阶段采取的是谨慎型管理策略和维持性管理策略，投融资阶段采取的是主动型管理策略。

关键词　智力资本；利益相关者；协同；营运资金管理策略

一、引言

营运资金管理是企业财务管理中的重要内容，对于企业的价值管理、盈利能力及风险控制均有重要的影响。科学的营运资金管理既可以促进企业实现价值最大化的目标，给股东带来较好的回报，又可以降低企业的经营风险。同时，党的十八大以来，基于实现创新性国家和制造强国的目标，我国陆续明确了创新驱动发展战略和《中国制造2025》规划，并将科技创新放在国家发展的核心地位。宏观层次上，我国国家智力资本与国家创新能力密不可分，智力资本是推动我国步入创新型国家的重要因素。微观层次上，由知识和技术构成的智力资本已取代传统劳动力资本，是企业创新能力的源泉。此外，REL咨询公司和《CFO》杂志在其发布的营运资金调查报告中曾以"不要让供应链断裂"为

---

① 作者简介：韩沚清，男，山东平度人，山东科技大学经济管理学院管理学博士，教授，主要研究方向：财务管理、成本管理会计。山东省青岛市黄岛区前湾港路579号，zhiqinghan@sohu.com。韩瑞雪，女，山东菏泽人，山东科技大学经济管理学院研究生，主要研究方向：财务管理。山东省青岛市黄岛区前湾港路579号，1599874652@qq.com。

标题,呼吁企业要加强与客户、供应商等利益相关者的关系管理,并提出通过供应商、企业、客户之间的关系整合与优化来提升企业的营运资金管理绩效。以上三点无疑为企业的营运资金管理提供了新的思路。而如何将智力资本、利益相关者与营运资金管理相融合,实现管理协同效应,目前是营运资金管理领域一个尚未解决的难题。

南星恒等人(2015)以2007~2012年A股上市公司为样本,从智力资本投资视角对智力资本投资与企业营运效率相关性进行分析研究得出,企业对智力资本的投资与企业营运效率存在正向影响,智力资本各要素对企业营运效率的影响中,人力资本的作用最大。但缺乏智力资本与营运资金管理之间关系的研究,并且我国企业的营运资金管理仅限于对单一营运资金项目的管理,缺乏系统的管理,造成企业营运资金管理水平和国外相比存在很大差距。

本文在对智力资本和企业利益相关者进行分类的基础上,针对不同类型智力资本、利益相关者的特点和不同渠道营运资金的特点,将营运资金管理与供应链理论紧密联系起来,探寻智力资本、利益相关者与营运资金管理协同的策略,为企业营运资金管理提供新的思路和方法。

二、营运资金的内容及分类

营运资金又被称为营运资本。广义上的营运资金又称为毛营运资金,即一个企业用于生产经营活动中的流动资产所占用的资金数量;狭义的营运资金是指流动资产与流动负债之间的差额。

(一)营运资金的内容

1. 流动资产

流动资产按其对资金的占用形态分类,主要包括现金、交易性金融资产、应收及预付款项和存货。按照其相对稳定性分类,则可以分为稳定性强的永久性流动资产,即满足企业长期最低需求的流动资产,以及波动性强的波动性流动资产,即由于季节性或临时性的原因而形成的流动资产。

2. 流动负债

流动负债按照其获得资源的形态分类,主要包括应付账款、应付票据、预收账款、应付职工薪酬、应付税费等。按照其筹资目的可以分为企业短期使用的临时性负债(筹资性流动负债)用来满足临时性流动资产需要和直接产生于企业持续经营中的自发性负债(经营性流动负债)。经营性流动负债主要包括商业信用筹资和日常运营中产生的其他应付款,以及应付职工薪酬、应付利息、应付税费等,可供企业长期使用。

(二)营运资金的分类方式

本文参考王竹泉、逢咏梅、孙建强(2007)提出的营运资金分类方法,将渠道管理引入营运资金管理研究,将企业营运资金分为日常经营活动营运资金和理财活动营运资金，并进一步将日常经营活动营运资金分为采购渠道的营运资金、生产渠道的营运资金和营销渠道的营运资金，之后又提出了营运资金周转期、生产渠道营运资金周转期、采购渠道营运资金周转期、营销活动营运资金周转期的新的营运资金绩效的考察体系，理财活动营运资金即投资和融资营运资金。

三、智力资本和利益相关者的构成与相应策略

（一）智力资本的构成与相应策略

1. 智力资本的构成

智力资本包括人力资本、关系资本、结构资本和创新资本。其中人力资本主要有企业家、高层管理者人力资本，专业技术人员人力资本，一般雇员或流动人员的人力资本，类似于战略型利益相关者。关系资本指的是企业与消费者、供应商和分销商等利益相关者之间的关系组成的关系网络。类似于核心型利益相关者。结构资本指内嵌于企业中的组织结构，规章制度，公司文化等。创新资本是企业在产品和服务的开发过程对各种革新、创造、发明等方面的投入。企业不断更新发展的创新理念、创新知识、创新技能、创新环境、创新品质等的总和恰恰可以推动企业不断提升品牌形象和竞争力。企业的创新资本主要分为创新能力与创新结果两部分，创新能力指企业创新精神和研发人员的专业水平，创新结果有开发的新产品、知识产权、商业机密等。

2. 智力资本各组成部分的策略分析

企业的智力资本是一个庞大、多元的群体，每一类型的智力资本对企业的利益诉求及其对企业营运资金活动的影响都存在着显著的差异，因而对不同类型的智力资本，企业应采取差异化的管理策略。

（1）人力资本——主动型管理策略。人力资本主要包括股东、管理层和员工，他们都在企业中进行了物质资本或人力资本的投资，直接参与企业的生产流程管理，与企业的关系最密切，对企业的影响也最大，因此获得人力资本的支持，企业应采取主动型管理策略，使他们主动参与到企业的生产流程优化与质量管理控制活动中来，确保生产渠道中的营运资金都处于高速运转状态，从而降低生产渠道中营运资金的占用率，提高企业营运资金周转率。

（2）关系资本——谨慎型管理策略。关系资本主要指的是企业与消费者、供应商和分销商形成的关系网络，他们不直接参与企业的经营活动，但却对企业采购渠道和销售渠道的营运资金施加重要影响。良好信誉的形成、良好品牌的创建、良好关系的保持是企业长期努力的结果，因此对客户资本的度量同样要从长期的投资考虑，是企业在长期的关系保持中所有投资的累积。对关系资本，企业应采取谨慎型管理策略。一方面，企业应积极争取关系网络的支持，与他们之间进行信息的共享与交换，实现即时采购、即时销售，从而降低采购环节和销售环节的营运资金占用，提高营运资金周转率。另一方面，由于竞争关系的存在，企业对关系网络应采取一定的防御措施，一旦他们采取不合作策

略，企业可以马上启用防御应急预案，启动应急资金，保障企业营运资金的周转。

（3）结构资本——加强型管理策略。结构资本主要是指企业中的组织结构，规章制度，公司文化等，包括企业为了维持良好的内部运行而投入的各种资本，如在信息系统、企业文化、制度建设、组织机构、制度设计、质量控制、团队保持等方面的投入。结构资本是一个企业有序运行的关键，得力于人力资本作用的发挥，是企业的软实力。因此对于结构资本，企业应采取加强型管理策略，完善企业的组织结构和规章制度，提高运营效率，加强其对企业价值创造的作用。此外，坚持并弘扬企业的文化，将其融入整个企业中，将管理层和员工凝聚在一起，共同为创造企业价值而努力。

（4）创新资本——激励型管理策略。创新资本是一个企业发展的动力和源泉，是一个企业是否能持续发展的关键，应予以高度重视和激励。如马睿铮和张松（2018）通过实证研究发现人力资本、关系资本、结构资本、创新资本对中小企业可持续增长同样有显著促进作用，其中创新资本作用最大。此外，作为创新资本的研发活动最终可能形成专利技术、专有技术；也可能直接转化为人力资本，表现为研发人员知识的不断积累过程；也可能形成各种更高效率的管理模式、质量控制技巧、成本控制技术等。因此，其重要性不言而喻。因此，对于创新资本，企业应采取激励性管理策略，投入人力、物力和财力激励大家的创新活动，为企业提供源源不断的动力，使企业稳步上升。

（二）利益相关者的构成与相应策略

1. 企业利益相关者的构成

利益相关者理论认为，所有影响企业目标实现或受企业目标实现过程影响的个人或组织都可视为企业的利益相关者，但企业的经营目标决定了其在目标实现过程中不可能也做不到满足所有利益相关者的利益需求。根据利益相关者对企业决策的影响以及受企业决策的影响程度不同，将利益相关者分为三类，即战略型利益相关者、核心型利益相关者和公众型利益相关者。战略型利益相关者包括股东、管理层和员工，核心型利益相关者包括消费者、供应商和分销商，公众型利益相关者包括政府、社区和自然环境。

在企业的利益相关者构成中，战略型利益相关者与企业的关系最为密切，他们都在企业中进行了物质资本或人力资本的投资，受企业的影响最大，同时其决策对企业的影响也最大，直接关系到企业的生存与发展。核心型利益相关者主要通过间接参与企业的经营活动来对企业施加影响，其合作与否将关系到企业的盈利与未来市场发展，核心型利益相关者对企业的影响仅次于战略型利益相关者。公众型利益相关者通常受到企业经营活动的影响，但并不直接参与企业的经营活动或对企业的影响较弱，其主要通过政策或社会舆论来对企业施加影响。

2. 企业利益相关者各组成部分的策略分析

企业的利益相关者是一个庞大、多元的群体，每一类型的利益相关者对企业的利益诉求及其对企业营运资金活动的影响都存在着显著的差异，因而对不同类型的利益相关者，企业应采取差异化的管理策略。

（1）战略型利益相关者——主动型管理策略。战略型利益相关者主要包括股东、管理层和员工，他们都在企业中进行了物质资本或人力资本的投资，直接参与企业的生产流程管理，与企业的关系最密切，对企业的影响也最大。因此，获得战略型利益相关者的支持，企业应采取主动型管理策略，使他们主动参与到企业的生产流程优化与质量管理控制活动中来，确保生产渠道中的营运资金都处于高速运转状态，从而降低生产渠道中营运资金的占用率，提高企业营运资金周转率。

（2）核心型利益相关者——谨慎型管理策略。核心型利益相关者主要包括消费者、供应商和分销商，他们不直接参与企业的经营活动，但却对企业采购渠道和销售渠道的营运资金施加重要影响。对核心型利益相关者，企业应采取谨慎型管理策略。一方面，企业应积极争取核心型利益相关者的支持，与他们之间进行信息的共享与交换，实现即时采购、即时销售，从而降低采购环节和销售环节的营运资金占用，提高营运资金周转率。另一方面，由于竞争关系的存在，企业对核心型利益相关者应采取一定的防御措施，一旦他们采取不合作策略，企业可以马上启用防御应急预案，启动应急资金，保障企业营运资金的周转。

（3）公众型利益相关者——维持型管理策略。公众型利益相关者主要包括政府、社区和自然环境。鉴于公众型利益相关者身份的特殊性，企业对他们应采取维持型管理策略。即企业在进行管理决策时，既不把公众型利益相关者放在过于重要的位置加以考虑，也不能忽视他们的利益需求，尽可能在保持现有关系的基础上，适当满足其利益需求。企业通过与公众型利益相关者维持良好的关系，有助于其树立正面的社会形象，争取到更多的政策支持，间接提升企业的营运资金管理绩效。

四、基于供应链理论的营运资金管理策略模型构建

将供应链管理思想运用于营运资金管理中，构建基于供应链理论的营运资金管理模型。供应链管理强调把营运资金从供应商到企业再到客户的流转过程看成是一个链条，而在供应链管理下，根据营运资金在整个供应链业务流程中的流转活动，主要分为日常经营活动和理财活动，据此我们构建了基于供应链理论的营运资金管理策略，模型如图1所示。

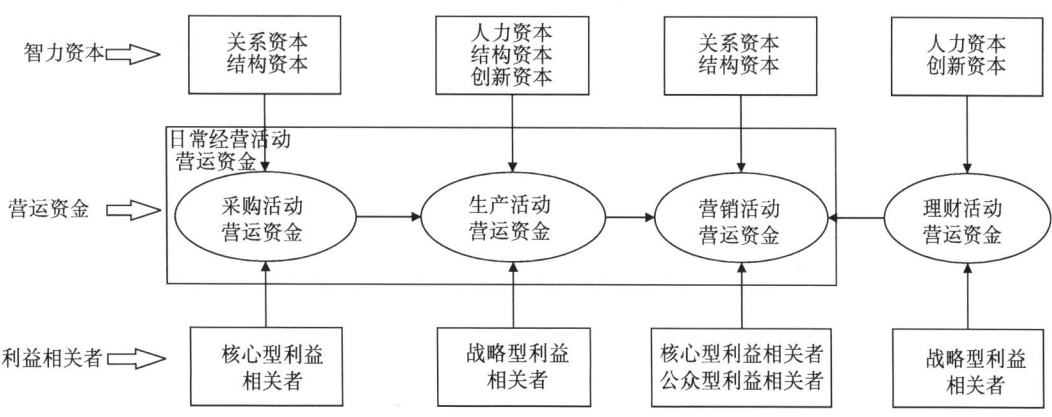

图1 基于供应链理论的营运资金管理策略模型

（一）经营活动中的营运资金管理

1. 采购活动中的营运资金管理

采购活动中影响营运资金的项目主要有材料存货、应付账款、应付票据和预付账款。采购活动的关键是处理与供应商之间的关系。

智力资本管理策略方面，企业应该采取关系资本的谨慎型管理策略和结构资本的加强型管理策略。对于关系资本，一方面，企业应积极争取与供应商建立稳定的合作伙伴关系，相互之间实现信息的共享与业务往来的协同运作，达到减少成本、降低库存、加快物流速度、提高采购流程的营运资金周转速度的目标；另一方面，供应商对企业也存在一定的威胁，通过在采购活动中加强对应付项目的管理，用以评估企业信用，使企业能够制定出恰当的信用政策。对供应商进行选择，采取一定的防御措施，保障企业采购渠道营运资金的正常运转，在树立企业自身信誉的同时，提高企业的核心竞争力。此外，对于结构资本，企业应该采取加强型管理策略。完善企业的组织结构和规章制度，充分发挥其提高运营效率和创造企业价值的作用，将企业软实力的作用发挥到极致。

利益相关者管理策略方面，类似于关系资本，企业应采取核心型利益相关者的谨慎型管理策略。供货商是关系资本的一部分，企业应注重供应商的选择与管理，降低采购成本，融合供应商管理的思想，充分考虑供应商选择过程的影响因素，帮助企业选择最佳的供应商并达成长期合作关系，降低采购成本，并且使企业推迟应付账款的支付时间，使企业减少资金占用。

2. 生产活动中的营运资金管理

生产活动中影响营运资金的项目主要有半成品、在产品、应付职工薪酬、预提费用、待摊费用、其他应收款和其他应付款。企业最重要的活动就是生产活动，在此期间发生的所有费用都将最终结算到生产成本中，其间的营运资金最多而且比较复杂，因此生产活动的关键是加强企业内部生产业务流程管理。

智力资本管理策略方面，企业应该采取人力资本的主动型管理策略、结构资本的加强型管理策略和创新资本的激励型管理策略。首先，企业的人力资本应充分发挥其积极能动性，与关系网络沟通，了解并满足他们的利益需求，使他们主动参与到企业的生产流程优化和质量管理控制活动中来，通过对生产流程的改进，降低成本、减少库存，减少生产流程各个环节的营运资金占用，提升企业的营运资金管理绩效。其次，要加强结构资本对企业价值创造的促进作用。最后，要注重创新资本在生产环节的作用，生产环节、生产方式和生产工艺等的创新，可提高生产效率和产品质量，因此企业应投入人力、物力、财力激励生产者的创新积极性。

利益相关者管理策略方面，类似于人力资本，企业应该采取主动型管理策略。主动完善存货管理，减少资金占用，将存货管理融入整体供应链的各个环节中，分为原材料和存货管理、在产品管理、产成品管理，使得存货的结构更加合理，更加有利于生产经营。利用信息技术，根据库存和订单制订合理的采购计划，使企业的存货管理更加有效，节约资金，降低存货在营运资金中的比例，使营运资金更有效地用于经营活动中。

3. 营销活动中的营运资金管理

营销活动中影响营运资金的项目包括应收账款、应收票据、预收账款、应交税费等。中国上市公司营运资金管理绩效继续恶化,应收账款和营销渠道营运资金管理绩效提升是中国上市公司营运资金管理绩效改善的关键和瓶颈。营销活动的关键是处理与分销商之间的关系。

智力资本管理策略方面,企业应该采取谨慎型的关系资本管理策略和加强型的结构资本管理策略。一方面,随着市场竞争的加剧,现代企业要想争取更大的市场份额,就必须加强客户关系管理,在营销活动中,注意与客户建立良好的合作关系,这样做不仅能够使企业持续拿到订单,而且能够使企业销售产品的资金及时收回,形成良性资金循环。另一方面,由于竞争关系的存在,企业对关系网络应采取一定的防御措施,一旦他们采取不合作策略,企业可以马上启用防御应急预案,启动应急资金,保障企业营运资金的周转。此外,企业应该加强结构资本的科学性和有效性,完善企业的组织结构和规章制度,保证企业有序运行,为企业稳步增长打下基础。

利益相关者管理策略方面,企业应采取谨慎型管理策略和维持型策略。首先,注重客户关系管理,注重客户关系管理,满足客户需求。采用准时制管理方式,在供应链各环节都以满足顾客需求为目标,完善内部生产流程,建立良好的客户关系,避免应收账款的拖欠和坏账损失的产生。其次,政府作为公众型利益相关者,通过宏观经济政策调控会间接对企业营销渠道的营运资金产生影响。企业在处理与公众型利益相关者的关系时,应采取维持型策略,在保持现有关系的基础上,争取获得更多政策上的支持,从而间接提升企业营销渠道的营运资金管理绩效。

综上,基于智力资本与营运资金管理关系的角度,采购阶段采取的是谨慎型管理策略和加强型管理策略,生产阶段采取的是主动型管理策略、加强型管理策略和激励型管理策略,营销阶段采取的是谨慎型管理策略和加强型管理策略。基于利益相关者与营运资金管理关系的角度,采购阶段采取的是谨慎型管理策略,生产阶段采取的是主动型管理策略,营销阶段采取的是谨慎型管理策略和维持性管理策略。营运资金管理协同的策略模型系统内部各子系统或组成部分之间同向合作、相互配合,实现整体协同,优化营运资金管理,提高营运资金绩效。

(二) 理财活动中的营运资金管理

理财活动是对企业整体营运资金的管理,由投资活动和筹资活动组成,这类营运资金与经营活动无关,但关系到企业的现金支付能力、偿债能力以及资产的盈利能力。其涉及的营运资金项目主要有:货币资金、交易性金融资产、交易性金融负债、应收股利、应收利息、一年内到期的非流动资产、其他流动资产、短期借款、应付股利、应付利息、一年内到期的非流动负债、其他流动负债等。理财活动营运资金管理的关键是创新投融资方式。

智力资本管理策略方面,企业应该采取人力资本的主动型管理策略和创新资本的激励型管理策略。首先,企业的投融资需要有专业知识和有丰富实践经验的管理层来做,充分利用人力资本,确保较高的投资回报率和较低的融资成本率,在风险一定的情况下,尽可能实现高收益。其次,创新资本在理财活动环节也很重要,在保证企业经营活动所需营运资金的前提下,通过供应链融资、第三方融资等拓宽融资渠道,提高融资效率,在理财活动中对营运资金进行有效管理,可在整体上提高企业营运资金的使用效率。

利益相关者管理策略方面,类似于人力资本,企业应该采取主动型管理策略。积极创新投融资方式,缩短投资回报期,提高投资回报率,拓宽融资渠道,保证企业资金有较强的流动性和清偿能力。

综上,基于智力资本与营运资金管理关系的角度,投融资阶段采取的是主动型管理策略和激励型管理策略。基于利益相关者与营运资金管理关系的角度,投融资阶段采取的是主动型管理策略。营运资金管理协同的策略模型系统内部各子系统或组成部分之间同向合作、相互配合,实现整体协同,优化营运资金管理,提高营运资金绩效。

五、营运资金管理策略选择与运用的相关建议

本文构建了基于供应链理论的营运资金管理策略模型,但是其充分利用还需要相应措施和建议的支持,这样才能更好地全面发挥营运资金管理策略模型的作用,真正实现三者的协同。

(一)构建企业营运资金三级管理体系

基于权变性理论,通过关于智力资本、利益相关者和营运资金管理关系的探讨,建立三级营运资金管理体系,应对情境的不利变化。如图2所示,三级营运资金管理体系包括企业独立营运资金管理、供应链营运资金管理、理财活动营运资金管理,三者互为补充,互相支撑,共同构成企业完整的营运资金管理体系。

图2的企业三级营运资金管理体系中,企业独立营运资金管理主要是指可以依靠企业自身力量所进行的营运资金优化和控制管理,包括企业资金预算管理、最佳营运资金持有量的管理等。供应链营运资金管理是指存在实际贸易关系的企业之间合作进行的营运资金管理,包括买卖双方联合确定的存货管理模式、资金结算方式等。这需要供应链核心企业具有极强的资金实力,也有赖于危机的短暂性,倘若危机迟迟没有过去,或许供应链核心企业也没有足够的财力支撑其合作性利益相关者战略。但如果供应链核心企业能够有第三条途径来加强其结算资金管理,则合作性利益相关者战略就可以不囿于企业自身实力而长期实施下去。第三方营运资金管理是指企业或供应链与不存在实际贸易关系的第三方合作所进行的营运资金管理,第三方可能是银行、保险公司、保理公司、典当公司、收账公司等金融机构或非金融机构。企业必须在提升自身营运资金管理水平的基础上,在不同的情境中重点借助不同层级的营运资金管理的有效配合来实现加强营运资金管理、提升企业价值的目的。

此外,营运资金三级管理体系中管理策略的选择还有行业、企业规模等很多影响因素,比如马跃如等人(2017)通过我国上市公司智力资本与企业价值跨行业的研究发现,知识密集型行业与非知识密集型行业智力资本及其要素与企业价值的作用关系是不同的,制造业与房地产业具有强烈的非知识密集型偏好,而信息技术业是知识密集型行业的典

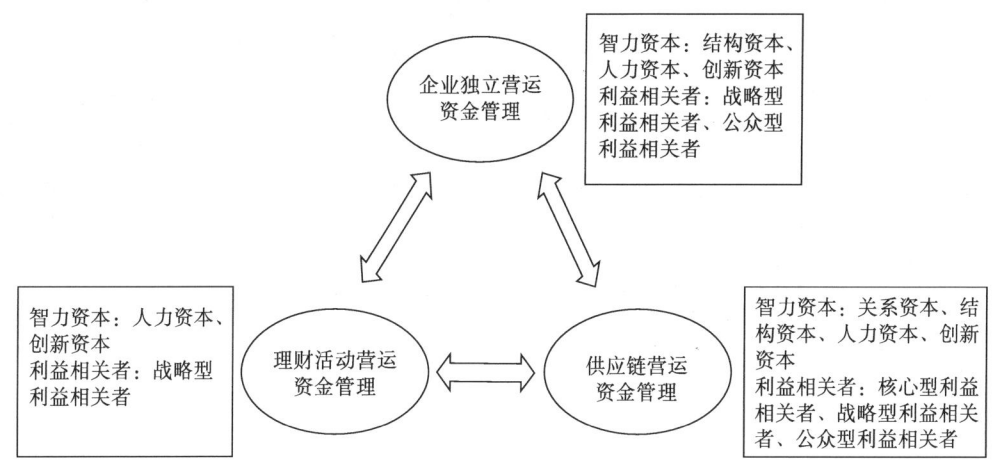

图 2　企业营运资金三级管理体系示意图

型代表。比如，房地产业生产流通环节应该直接瞄准最终消费群体，不存在信息技术业与制造业产品流通过程中的中间环节，维系良好的供应商关系、客户资源、声誉形象对其发展弥足重要，在进行智力资本战略决策时，应将关系资本列为其关键性战略要素。

（二）准确选择营运资金管理策略

营运资金的融资管理按照满足永久性流动资产和波动性流动资产需求的负债期限不同，可以分为保守型、期限匹配型和激进型。以流动资产投资占总资产的比率为基础，资产投资策略可划分为保守型、中庸型和扩张型。

筹资策略与投资策略的匹配与三种投资策略和融资策略相对应的，有九种匹配方式，其中，保守型的流动资产融资策略和投资策略的组合是营运资金管理策略中最保守的一种组合，而激进型的融资策略和扩张型的投资策略则是营运资金管理策略中最激进的一种。一般而言，我国企业采取这两种较为极端的营运资金管理策略的企业较少，大部分企业会选择风险和收益相对均衡的营运资金管理策略，如投资策略属于扩张型，其融资策略一般会选择保守型或期限匹配型。

营运资金管理策略的选择会受到行业与产品差异、企业融资约束、企业风险管理水平与偏好和企业发展策略等多种因素的影响。行业与产品差异方面，一般情况下，不同行业之间的流动资产投资和筹资策略差异较大，这种情形可能反映了不同行业之间生产技术以及产业链地位之间的差异。企业融资约束方面，在企业面临财务压力时，使用短期债务为长期资产进行融资，可以部分缓解企业在长期债务融资和权益融资上受到的约束。因此当企业受到较为严重的融资约束时，其负债将从长期负债向流动负债转化，营运资金数量减少，资金使用效率增加，同时流动性风险增加。企业风险管理水平方面，一般而言，风险管理水平和风险容忍度高的企业比较容易采取较为激进的营运资金管理策略。企业发展策略方面，企业采取不同发展策略时，其营运资金管理的策略也会有很大的不同。一般而言，营运资金管理策略要服从企业的整体发展策略，为企业的整体发展服务，实现企业的发展目标。

(三) 积极运用管理会计方法和工具管理营运资金

实行管理会计—财务会计—业务一体化，要求充分了解公司的业务实际情况，然后运用财务会计和管理会计实现对营运资金的管理。业务是基础，财务数据是中介，是记录业务的载体并为管理会计提供数据支撑，从而有效利用管理会计工具和方法实现企业价值的增值。

充分发挥大数据的支撑性作用，有效利用财务共享的基础数据。管理会计人员要全面综合营运资金不同的数据集，广泛搜集相关信息，形成数据库，再针对数据库，利用数据挖掘和分析技术发现并推断未知关系，并预测发展趋势，最后依据数据分析结果并结合实际情况得出相关结论，服务于决策，优化营运资金管理。

六、结论

本文在对智力资本和企业利益相关者进行分类的基础上，针对不同类型智力资本、利益相关者的特点和不同渠道营运资金的特点，将营运资金管理与供应链理论紧密联系起来，探寻智力资本、利益相关者与营运资金管理协同的策略，为企业营运资金管理提供新的思路和方法。本文得出以下结论：

基于智力资本与营运资金管理关系的角度，采购阶段采取的是关系资本的谨慎型管理策略和结构资本的加强型管理策略，生产阶段采取的是人力资本的主动型管理策略、结构资本的加强型管理策略和创新资本的激励型管理策略，营销阶段采取的是关系资本的谨慎型管理策略和结构资本的加强型管理策略，投融资阶段采取的是人力资本的主动型管理策略和创新资本的激励型管理策略。

基于利益相关者与营运资金管理关系的角度，采购阶段采取的是核心型利益相关者的谨慎型管理策略，生产阶段采取的是战略型利益相关者的主动型管理策略，营销阶段采取的是核心型利益相关者的谨慎型管理策略和公众型利益相关者的维持性管理策略，投融资阶段采取的是战略型利益相关者的主动型管理策略。核心型利益相关者类似于关系资本，战略型利益相关者类似于人力资本。

营运资金管理协同的策略模型系统内部各子系统或组成部分之间同向合作、相互配合，实现整体协同，优化营运资金管理，提高营运资金绩效。

七、展望

营运资金管理是企业财务管理中的重要内容，对于企业的价值管理、盈利能力及风险控制均有重要的影响。智力资本作为无形资产的一部分，对企业价值创造有促进作用，利益相关者对企业的影响也不言而喻。本文关于三者之间的关系进行了理论分析，但并未对其进行实证上的验证。后续可以从以下两个方面进行深入研究：

（1）智力资本、利益相关者及其组成部分与营运资金管理关系的实证研究，进一步对其进行证明并进行细化研究，以及三者发展日趋成熟之后其协同耦合关系是否有变化的研究，从而完善营运资金管理理论体系。

（2）三者协同的定量研究。本文仅对三者的协同关系进行了理论分析，并未对其协同耦合的程度进行量化研究。可对其协同耦合程度进行量化，比较其程度大小，为营运资金管理提供更加切实可行的建议，优化营运资金管理。

主要参考文献

[1] 江其玫，胡幽研．基于供应链理论的营运资金管理模型构建［J］．财会月刊，2009（34）：18－20．

[2] 李鹏飞，王元月．营运资金管理策略选择研究［J］．财会通讯，2016（14）：59－61．

[3] 马睿铮，张松．智力资本与中小企业可持续增长关系的实证研究［J］．中小企业管理与科技（上旬刊），2018（7）：30－33．

[4] 马跃如，邱俊彦，张玉梅．我国上市公司智力资本与企业价值跨行业研究［J］．中南大学学报（社会科学版），2017，23（5）：85－94．

[5] 南星恒，杨静，曲培烨．智力资本投资与企业营运效率相关性研究——基于营运效率评价指标体系的实证分析［J］．财会通讯，2015（6）：103－107＋129．

[6] 王秀华，王竹泉，秦书亚．供应链核心企业营运资金管理绩效的情境研究［J］．财会月刊，2013（7）：3－7．

[7] 王竹泉，逄咏梅，孙建强．国内外营运资金管理研究的回顾与展望［J］．会计研究，2007（2）：85－90＋92．

[8] 王竹泉，孙莹，张先敏，杜媛，王秀华．中国上市公司营运资金管理调查：2013［J］．会计研究，2014（12）：72－78＋96．

新财政政策对商业银行财务绩效影响研究

柴广成 陶 然[①]

摘 要 2008年全球性的金融危机推动了《巴塞尔协议Ⅲ》的出台,引发了国际金融监管准则的调整,其中引入杠杆率作为监管指标,我国在2011年及时发布了相关管理办法,并于2015年进行了修订。近几年,我国根据中央"十三五"规划提出的新财政政策则是对金融市场的"去杠杆化"的新一轮调整,试图逐步降低商业银行杠杆率。为了解商业银行执行新财政政策下调杠杆率对于财务绩效的影响,本文选取了国内10家具有代表性的商业银行,对10家银行2012~2017年的杠杆率进行梳理,采用定性、定量两个方面进行研究,得出我国10家上市商业银行杠杆率、盈利能力、不良贷款率之间具有的相关关系,同时发现杠杆率与商业银行经营战略也具有一定的相关性,最后根据结论提出相应的建议。

关键词 杠杆率;去杠杆化;金融监管;监管指标

一、绪论

(一)研究背景

自2009年我国针对市场杠杆率偏高问题实行"去杠杆化"政策起,2015年"去杠杆化"逐渐进入"去金融杠杆"阶段,政府密集出台的一系列监管政策及调整措施导致银行经营及金融市场由此变化,防范金融风险成为银行经营的重点之一,金融去杠杆和金融监管成为影响未来银行业务开展的核心因素之一。2008年国际金融危机出现前,欧美金融市场处于高杠杆、低利率的状态,金融危机爆发后,商业银行去杠杆化又暴露了金融体系的脆弱性;2009年巴塞尔委员会对18个国家84家大型银行的统计数据的测算显示,加权杠杆率低于监管下限,为2.7%;2010年12月公布的《巴塞尔协议Ⅲ》引入杠杆率指标,将杠杆率下限定为3%,作为风险加权资本充足率的补充指标。我国在2011

[①] 作者简介:柴广成,博士,桂林电子科技大学副教授、研究生导师。陶然,桂林电子科技大学商学院会计学专业本科生。

年正式引入杠杆率指标，规定商业银行并表和未并表的杠杆率不得低于4%，而根据银监会官网公布的数据，2016年以来，我国商业银行杠杆率均超过了6%。金融"去杠杆化"旨在为实体经济的长效发展营造一个健康的金融环境，为国家逐步深化改革提供一个良好的金融背景，以促进国民经济能够持续、平稳增长。

"供给侧结构性改革"是近几年引起广泛讨论的热点问题，作为国家"十三五"规划纲要的一个重要组成部分，在2015年11月10日中央财经领导小组第十一次会议首次提出，2016年1月27日中央财经小组第十二次会议在研究供给侧结构性改革方案时强调，供给侧结构性改革的根本目的是提高社会生产力水平，使供给体系更好适应需求结构变化。自此之后，供给侧结构性改革的战略实践层层推进，在经济体制、金融市场、企业生产等社会各个部分逐步展开，重点是促进产能过剩有效化解、优化重组，提高供给结构对需求变化的适应性和灵活性。简言之，就是去产能、去库存、去杠杆、降成本、补短板，即通常说的"三去一降一补"五大任务。由此，研究的重点是"去杠杆化"对于商业银行的绩效影响，2018年4月2日，中央财经委员会召开第一次会议，首次提出"结构性去杠杆"，为"打好防范化解金融风险攻坚战"划定基本思路，要求以结构性去杠杆为基本思路，分部门、分债务类型提出不同要求，努力实现宏观杠杆率稳定和逐步下降。

综上，本文通过收集新财政政策之下2012～2017年我国10家代表性商业银行的部分财务数据构成中各项业务支出、收入的数据，计算比例，然后与2012～2017年所获得的宏观经济数据及银行杠杆率进行对比分析，可以得出个别相关性。据此展开分析，并且参考近五年国内外各大商业银行的实际通行措施，得出新财政政策对于商业银行财务绩效的影响。

（二）研究目的

1. 分析在新财政政策之下商业银行各项业务开展的变化而导致的商业银行财务收入的变化，得出商业银行降低杠杆率对于商业银行财务绩效的影响。

2. 结合国内现行财政政策以及商业银行现有的通行措施，针对商业银行降低金融风险提出相关可行性建议。

二、文献综述

Modigliani和Miller（1958）提出的MM理论（资本结构无关论）是现代资本结构理论的基础，但是高杠杆率经营是商业银行利润的来源，因此MM理论对于银行杠杆率的解释存在明显不足。由于以往银行过高的财务杠杆会引发经营风险，因此现代银行业的一个重要特征就是基于财务杠杆的监管，如果银行基于追求利润，就可能放大风险，但是对银行杠杆率实施强制性限制，则导致银行资产配置效率降低。所以Koehn和Santomero（1980）认为，对商业银行杠杆率实施强制性的限制，导致了银行资产配置效率降低，虽然风险资产组合总量下降，但实际风险却增大了。Gennotte和Pyle（1991）提出，杠杆率对银行失败的影响难以确定。Heid、Porath和Stol（2004）研究德国银行业发现，资本不足的银行主要通过增加资本调整资本结构，而资本充足的银行，则提高了风险资产的比例。金融稳定委员会（2009）在2008年危机后指出金融机构过度高的杠杆水平造成了金融体系的脆弱性，也成为金融危机的一个重要原因。Adrian（2008）和Shin（2010）同样认为银行过高的杠杆率是金融危机爆发的一个重要原因，同时也指出杠杆率具有顺周期性。美联储主席Bernanke（2011）则强调指出资产负债表的去杠杆过程对经济复苏产生超乎预期的强大阻力。

我国对于商业银行杠杆率的研究在十年前开始受到关注，艾宏玲和邵懿文（2008）认为，资本充足率的缺陷可以通过引入杠杆比率来克服，同时杠杆比率成为银行监管指标也存在不足之处，但总的来说利大于弊。陆晓明（2009）表明，杠杆率具有直观、可比性高、计算简便、减少监管资本套利、熨平经济周期等优点，同时也提出杠杆率最根本的缺陷是无法将资本和风险挂钩，单独使用可能鼓励银行从事高风险业务，风险资本比和杠杆率的优缺点正好互相弥补。王兆星和韩明智以及王胜邦（2010）则认为，单独实施杠杆率监管对商业银行约束作用非常有限，但是杠杆率可以作为资本充足率的附加工具，两者相互补充有助于减少资本套利，在发挥资本充足率主导作用的同时进一步加强对银行规模扩张的约束，遏制经济上行期商业银行资产的过度扩张。巴曙松和金玲玲（2010）提出，发生严重金融危机的一个重要原因是许多国家的银行系统运用了过度的表外和表内杠杆，补充杠杆率新规可以调控银行杠杆，同时无风险的杠杆率监管要求可以缓解资本监管的顺周期问题。而张燕玲（2010）在研究中发现，对与贸易相关的低风险表外资产与其他高的风险表外资产共同采用100%的信用转换系数（Credit Conversion Factors，CCF）折算成表内资产，并以此计算杠杆率的做法可以鼓励银行在进入杠杆率警戒区间时，出现套利动机，保留衍生产品等高风险高收益的资产业务，从而背离监管的初衷。朱元倩（2010）认为，杠杆率监管可以改善目前单一的资本充足率监管，缓解顺周期效应。王芳和周振拓（2016）认为自2015年底以来，基于商业银行的杠杆本质，商业银行应当支持非金融企业去杠杆的路径选择，以及加强自身金融风险防控策略，逐步解决当前非金融企业高杠杆率问题。但陆岷峰和杨亮（2017）则认为2016年监管部门提出抑制资产泡沫，表明宏观政策的关注重点转向防范金融风险，而2017年上半年，金融去杠杆政策频出，在有效压缩金融泡沫的同时，市场产生了恐慌情绪，可能衍生出"二次风险"。

综上所述，国外学者对于商业银行杠杆率与金融监管、信贷风险、财务绩效的研究起步较早，结论基本认为商业银行利润来源于高杠杆率，强制性限制杠杆率会导致银行经营风险提高、效率下降，但是杠杆率过高则会导致金融危机的爆发，去杠杆的过程也会带来新的金融风险。国内在2008年金融危机爆发后逐渐开始对商业银行杠杆率与财务绩效的研究，大部分学者观点认为缺乏风险敏感性的资本监管可能增加风险，降低财务绩效，与此同时，缺乏风险敏感性的杠杆率监管指标和具备风险敏感性的资本监管指标可以形成相互补充，限制商业银行资本的过度扩张。

本研究与以往不同之处是，以2009年我国针对市场杠杆率偏高问题进行"去杠杆化"为背景，在此背景之下，商业银行对于财务绩效的监管指标进行了部分调整，商业银行杠杆率、存贷款比率以及流动比率作为重要的监管指标参与财务报表，调查分析近几年国家根据"去杠杆化"这一宏观方向出台的各项相关新财政政策，研究"去杠杆化"对于商业银行绩效的影响。基于此，主要研究商业银行杠杆率、存贷款比率以及流动比率等作为商业银行盈利能力、运营能力、偿债能力等的衡量指标与财务绩效具有的相关关系,并分析商业银行根据新财政政策调整后的财务指标与其经营战略之间具有相关关系的假设,最后针对结论结合现行政策为商业银行未来经营提出建议。

三、研究数据

(一)样本选择与数据来源

考虑到数据的时效性,本文选择2012~2017年我国10家具有代表性的商业银行为研究对象,其中包括5家大型商业银行以及5家股份制商业银行,并以此为基础研究国家出台新财政政策对我国商业银行财务绩效产生的影响。研究样本的筛选参照以下三点原则:

1. 剔除非商业银行上市企业以及农村商业银行,原因是本文研究对象仅包含上市商业银行,并且主要研究对象是城市商业银行;

2. 剔除数据缺失或者数据异常的商业银行数据,原因是无法找到所需部分资料进行建模分析,同时对结果造成一定的影响;

3. 剔除贷款额高于一般水平的数据,原因是商业银行为获取高利润而提高杠杆率可以导致的贷款额数据过大,影响分析结果。

本研究使用的数据中,一部分数据由商业银行年度财务报表信息整理而来,其他相关数据均来自国泰安数据库、锐思经济数据库以及各银行官方网站。

(二)变量设计

变量定义如表1所示。

表1　　　　　　　　　　变量定义

变量类型	变量名称	变量符号	变量代码	变量定义
被解释变量	净资产收益率	ROE	Y	净资产收益率=税后利润/所有者权益
解释变量	杠杆率	Leverage Ratio	X1	杠杆率=一级资本/总资产
	存贷款比率	Loan-deposit Ratio	X2	存贷款比率=贷款总量/存款总量
	流动比率	Current Ratio	X3	流动比率=流动资产总额/流动负债总额
控制变量	总资产	Total Assets	X4	商业银行拥有或控制的、能够带来经济利益的全部资产
	净利润增长率	Net Profit Growth Rate	X5	净利润增长率=(净利润增长额÷上年净利润)×100%
	净资产增长率	Net Assets Growth Rate	X6	净资产增长率=(期末扣除其他资本公积的净资产÷期初扣除其他资本公积的净资产-1)×100%
	资产负债率	Debt Asset Ratio	X7	资产负债率=负债总额/资产总额×100%

（三）研究假说

早在1980年Koehn和Santomero就认为对商业银行杠杆率实施强制性的限制会导致银行资产配置效率降低，实际的经营风险增大。2004年Heid、Porath以及Stol针对德国银行业的研究发现，资本不足的银行主要通过增加资本调整资本结构，而资本充足的银行则提高了风险资产的比例。而国内的研究则保持积极的态度，艾宏玲和邵懿文在2008年的研究中表示资本充足率的缺陷可以通过引入杠杆比率来克服。陆晓明在2009年提出杠杆率最根本的缺陷是无法将资本和风险挂钩，单独使用可能鼓励银行从事高风险业务，风险资本比和杠杆率的优缺点正好互相弥补。王芳和周振拓认为自2015年底以来，基于商业银行的杠杆本质，商业银行应当支持非金融企业去杠杆的路径选择，以及加强自身金融风险防控策略，逐步解决当前非金融企业高杠杆率问题。综上所述，商业银行杠杆率无疑可以作为风险比重下衡量商业银行财务绩效新的指标，结合上述论点研究时提出的部分假说，现提出以下假说：

1. 商业银行杠杆率可以理解为所有资产采用相同的风险权重，本文假定商业银行杠杆率对财务绩效具有相关影响；
2. 商业银行存贷款比率体现银行是否存在期限错配的现象，本文假定存贷款比率对财务绩效具有相关影响；
3. 商业银行流动比率是用来衡量商业银行流动资产在短期债务到期以前，可以变为现金用于偿还负债的能力，本文假定流动比率对财务绩效具有相关影响；
4. 商业银行总资产是以经济资本为基础对商业银行的总体获利能力进行分析，本文假定总资产对财务绩效具有相关影响；
5. 商业银行净利润增长率反映商业银行资产综合利用效果，本文假定净资产报酬率对财务绩效具有相关影响；
6. 商业银行净资产增长率反映了商业银行资本规模的扩张速度，本文假定净资产报酬率对财务绩效具有相关影响；
7. 商业银行资产负债率是衡量商业银行利用债权人提供资金进行经营活动能力的指标，本文假定资产负债率对财务绩效具有相关影响。

（四）模型建立

Tobit（tobit model）回归模型是由诺贝尔经济学奖获得者James Tobin提出的回归模型，属于受限因变量（limited dependent variable）回归的一种，与传统的普通最小二乘法（OLS）适用范围不同，该回归模型中因变量是可以为部分连续和部分离散分布的数据。

通过对过往研究分析后，结合我国商业银行基本特征，本文建立如下Tobit回归模型：

$$Y = \alpha + \beta_1 x_1 + \beta_2 x_2 + \beta_3 x_3 + \beta_4 x_4 + \beta_5 x_5 + \beta_6 x_6 + \beta_7 x_7 + \varepsilon$$

在上述模型中被解释变量Y为商业银行净资产收益率，代表商业银行的财务绩效；解释变量x_1为商业银行杠杆率，解释变量x_2为商业银行存贷款比率，解释变量x_3为商业银行流动比率，控制变量x_4为商业银行总资产，控制变量x_5为商业银行净利润增长率，控制变量x_6为商业银行净资产增长率,控制变量x_7为商业银行资产负债率。

四、实证分析

(一) 商业银行部分财务指标与财务绩效的多元回归分析

为了探讨商业银行杠杆率、存贷款比率、流动比率、总资产、净利润增长率、净资产增长率以及资产负债率与商业银行财务绩效的相关性,首先通过皮尔逊(Pearson)相关系数进行分析,如表2所示。

表2是变量间相关系数矩阵表,显示了解释变量以及控制变量与被解释变量之间的皮尔逊相关系数。从表中可以得出被解释变量 Y 净资产收益率与解释变量x_1杠杆率、解释变量x_2存贷款比率、解释变量x_3流动比率、控制变量x_4总资产之间存在负相关关系,与控制变量x_5净利润增长率、控制变量x_6净资产增长率、控制变量x_7资产负债率之间存在正相关关系,但是所有的相关关系均不显著。

表2 被解释变量与解释变量及控制变量间相关性矩阵

	净资产收益率	杠杆率	存贷比率	流动比率	总资产	净利润增长率	净资产增长率	资产负债率
净资产收益率	1.000	-0.582	-0.547	-0.328	-0.192	0.753	0.444	0.608
杠杆率	-0.582	1.000	0.239	0.014	0.727	-0.630	-0.449	-0.847
存贷比率	-0.547	0.239	1.000	0.157	-0.176	-0.329	-0.210	-0.291
流动比率	-0.328	0.014	0.157	1.000	-0.119	-0.245	-0.246	-0.143
总资产	-0.192	0.727	-0.176	-0.119	1.000	-0.393	-0.433	-0.652
净利润增长率	0.753	-0.630	-0.329	-0.245	-0.393	1.000	0.531	0.670
净资产增长率	0.444	-0.449	-0.210	-0.246	-0.433	0.531	1.000	0.426
资产负债率	0.608	-0.847	-0.291	-0.143	-0.652	0.670	0.426	1.000

推测初步推论的结果与假设不相符的原因可能是初期商业银行部分指标计算方式未能完全统一,导致数据的准确性有所偏差,此外样本容量不够丰富也可能导致初步推论的结果不理想。

为了进一步验证假设、证实初步推论,利用显著性(单尾)相关系数表格进行分析考量,如表3所示。

表3 被解释变量与解释变量及控制变量间显著性矩阵

	净资产收益率	杠杆率	存贷比率	流动比率	总资产	净利润增长率	净资产增长率	资产负债率
净资产收益率		0.000	0.000	0.005	0.071	0.000	0.000	0.000
杠杆率	0.000		0.033	0.459	0.000	0.000	0.000	0.000

续表

	净资产收益率	杠杆率	存贷比率	流动比率	总资产	净利润增长率	净资产增长率	资产负债率
存贷比率	0.000	0.033		0.116	0.089	0.005	0.054	0.012
流动比率	0.005	0.459	0.116		0.183	0.03	0.029	0.137
总资产	0.071	0.000	0.089	0.183		0.001	0.000	0.000
净利润增长率	0.000	0.000	0.005	0.030	0.001		0.000	0.000
净资产增长率	0.000	0.000	0.054	0.029	0.000	0.000		0.000
资产负债率	0.000	0.000	0.012	0.137	0.000	0.000	0.000	

由表3可以得出：

1. 被解释变量Y与解释变量x_1之间具有显著的负相关性；
2. 被解释变量Y与解释变量x_2之间具有显著的负相关性；
3. 被解释变量Y与解释变量x_3之间具有显著的负相关性；
4. 被解释变量Y与控制变量x_4之间不具有显著的正相关性；
5. 被解释变量Y与控制变量x_5之间具有显著的正相关性；
6. 被解释变量Y与控制变量x_6之间具有显著的正相关性；
7. 被解释变量Y与控制变量x_7之间具有显著的正相关性。

结合表2、表3可知，选择商业银行杠杆率、存贷款比率、流动比率作为解释变量可解释能力较强，以商业银行净利润增长率、净资产增长率、资产负债率作为控制变量是较为合适的，但是以商业银行总资产作为控制变量效果不明显，所以需要通过回归系数表的最终回归数据确定最终结果，如表4所示。

表4　　　　　　　　　　　变量间回归系数表

	未标准化系数		标准化系数	t	显著性	相关性		
	B	标准误差	Beta			零阶	偏	部分
（常量）	-0.027	0.617		-0.043	0.966			
杠杆率	-1.186	0.593	-0.325	-2.001	0.051	-0.582	-0.267	-0.146
存贷比率	-0.079	0.034	-0.221	-2.332	0.024	-0.547	-0.308	-0.171
流动比率	-0.043	0.028	-0.124	-1.508	0.138	-0.328	-0.205	-0.110
总资产	1.14E-15	0.000	0.246	1.754	0.085	-0.192	0.236	0.128
净利润增长率	0.175	0.042	0.461	4.171	0.000	0.753	0.501	0.305
净资产增长率	0.021	0.041	0.049	0.510	0.612	0.444	0.071	0.037
资产负债率	0.326	0.631	0.081	0.517	0.607	0.608	0.072	0.038

根据回归系数表可得：

$$Y = -0.027 - 1.186x_1 - 0.079x_2 - 0.043x_3 + 1.14\text{E}-15x_4 + 0.175x_5 + 0.021x_6 + 0.326x_7$$

由最终的回归结果可以得到，解释变量x_1与被解释变量Y之间呈现负相关性；解释变量x_2与被解释变量Y之间具有显著的负相关性；解释变量x_3与被解释变量Y之间呈现负相关性；控制变量x_4与被解释变量 Y 之间呈现正相关性；控制变量x_5与被解释变量 Y 之间具有显著的正相关性；控制变量x_6与被解释变量 Y 之间呈现正相关性；控制变量x_7与被解释变量 Y 之间呈现正相关性。

合理推断造成商业银行杠杆率、流动比率与净资产收益率没有呈现显著负相关性，商业银行总资产、净资产增长率、资产负债率与净资产收益率没有呈现显著正相关性的原因有以下：

1. 2012~2017 年处于我国金融"去杠杆化"初期，金融市场监管尚未完善，各家商业银行财务指标的测算没有达成一致，导致数据本身可能存在一定的误差，从而影响假设的结果；

2. 选取的样本容量不够广泛，样本仅选取 5 家大型商业银行和 5 家城市商业银行作为代表，样本具有局限性，相关数据不够完善，从而影响假设的结果；

3. 国内对于金融市场的监管现在仍处于初期，同时对于商业银行财务指标与财务绩效的研究起步较晚，研究结论可能存在一定的滞后性，故而财政政策的实施与商业银行现行状况可能存在时间差，去杠杆化效果不甚明显。

（二）分析小结

综上所述，各个解释变量、控制变量与被解释变量之间的相关关系均符合假说，但是仅有存贷款比率与净资产收益率呈现显著的负相关关系、净利润增长率与净资产收益率呈现显著的正相关关系，其他假说的数据结果均不理想。

五、研究结论及建议

（一）研究结论

本文选取我国 10 家代表性商业银行部分监管数据与金融指标，通过收集 2012~2017 年部分财务数据中各项业务支出、收入的数据计算比例，以及同期商业银行财务绩效的变化，与 2012~2017 年所获得的宏观经济数据及银行杠杆率进行对比分析，得出个别相关性，综合分析得出结论如下：

1. 商业银行杠杆率可用于衡量商业银行抗风险能力，杠杆率低表明商业银行运营状况稳定，同时表明商业银行的资金基本不用于投资，导致财务绩效较低，所以杠杆率升高使得商业银行负债风险提高，表面上增加了商业银行的收入，但是实际上导致财务绩效下降，所以商业银行杠杆率与财务绩效存在负相关性；

2. 商业银行存贷款比率可用于考察商业银行资金运营状况，反映存款资金被贷款资金占用的比例，存贷款比率越高表示商业银行流动性风险越高、规模越大、资金使用效率越高，导致商业银行短期内财务绩效更好，所以存贷款比率与财务绩效呈现显著负相关性；

3. 商业银行流动比率可以反映流动性以及短期变现能力，流动比率越高证明银行用

于抵御风险的资产越多,即资金基本库存不用于盈利,盈利能力越低,所以商业银行流动比率和财务绩效存在负相关性;

4. 商业银行总资产越多证明商业银行运用资金获取利润的可能性越大,所以商业银行总资产与财务绩效存在正相关性;

5. 商业银行净利润增长率体现商业银行的获利能力,净利润增长率越高表明商业银行盈利能力越好,所以商业银行净利润增长率与财务绩效呈现显著正相关性;

6. 商业银行净资产增长率体现商业银行的资产变化,一定程度上体现了商业银行的经济资产,净资产增长率越高表明商业银行规模越大,所以商业银行净资产增长率与财务绩效存在正相关性;

7. 商业银行资产负债率体现商业银行的负债能力,资产负债率越高表明商业银行短期偿债能力越好,所以商业银行资产负债率与财务绩效存在正相关性。

(二) 建议

1. 总体来看,中国实体经济杠杆水平较高,在商业银行层面,全国性商业银行杠杆率由于受到国家宏观经济政策的影响更大导致其略低于整体水平,城市商业银行因其规模的不断扩大选择更激进的经营策略导致杠杆率偏高;而金融市场服务于实体经济,商业银行的财务绩效与宏观经济息息相关,所以城市商业银行在制定经营策略的时候也要依据国家宏观经济现行发展状况,与时代保持一致,选择更加稳健的经营策略,降低风险,为自身发展增加保障。

2. 去杠杆和防风险是中国宏观政策的一大方面,商业银行提供的信贷业务在持续8年的快速增长后对经济增长的拉动作用减弱,金融风险开始显现,政府从2016年底开始收紧货币信贷政策、强化金融监管,以管控债务和相关风险;高杠杆率确实可以提高商业银行财务绩效,但是同时也提高了风险比重,目前国家经济正处于转型期,所以商业银行在制定经营策略的时候要同时考虑资本效率和金融风险两方面,把握好商业银行杠杆率的合理限度。

3. 随着国内经济增长放缓,政府开始放松货币信贷、财政和金融监管政策,希望促进经济增长由主要依靠投资、出口拉动向依靠消费、投资、出口协调拉动转变,要求确保对地方政府融资平台的合理融资需求和在建基建项目的资金支持;商业银行降低杠杆率的同时会影响其财务绩效,因此商业银行未来可以选择加大对小微企业的信贷投放,以投资高新技术产业作为方向,并支持发展消费信贷,这可以为商业银行未来运用资金获取利润提供新的渠道,但是同时也要保证一定的资金储备抵御风险。

4. 宏观经济指标与商业银行财务绩效也具有一定的相关关系,GDP同比增长率增速越平稳证明国民经济发展、货币的价值越稳定,此时内需、投资等发展较好,商业银行财务绩效提高;因此商业银行未来在做出投资预算的时候可以适当参考国家宏观经济数据,以宏观经济指标作为导向制定投资战略。

主要参考文献

[1] Ahmed Elbadry. Bank's Financial Stability and Risk Management [J]. Journal of Islamic Accounting and Business Research, 2018, 9 (2): 119 - 137.

[2] Alexander Bleck. Regulating Bank Leverage [J]. Journal of Financial Economic Policy, 2018, 10 (2): 264 - 274.

[3] Bernard Owens Imarhiagbe, George Saridakis, Anne - Marie Mohammed. Do Bank Credit Rejection and Financial Education Affect Financial Self - confidence [J]. International Journal of Entrepreneurial Behavior & Research, 2017, 23 (6): 1033 - 1051.

[4] Bo Feng. Bank Financial Products Consumers Protection and Legal Suggestions [J]. Canadian Social Science, 2013, 9 (1): 48 - 52.

[5] Chaiporn Vithessonthi. The Effect of Financial Market Development on Bank Risk: Evidence from Southeast Asian Countries [J]. International Review of Financial Analysis, 2014, 35 (10): 249 - 260.

[6] Dirk Schoenmaker, Peter Wierts, Regulating the Financial Cycle: An Integrated Approach with A Leverage Ratio [J]. Economics Letters, 2015, 136 (1): 70.

[7] Hsiu - I Ting. Financial Development, Role of Government, and Bank Profitability: Evidence from the 2008 Financial Crisis [J]. Journal of Economics and Finance, 2017, 41 (2): 370 - 392.

[8] Rainer Frey. Multinational Banks' Deleveraging in the Global Financial Crisis [J]. Journal of Multinational Financial Management, 2016, 37 - 38 (12): 90 - 113.

[9] Sichong Chen, How Do Leverage Ratios Affect Bank Share Performance during Financial Crises: The Japanese Experience of the Late 1990s [J]. Journal of The Japanese and International Economies, 2013, 30 (12): 1 - 18.

[10] Qi Lin, Growth Options Effect on Leverage: Evidence from China [J]. Pacific - Basin Finance Journal, 2015, 34 (9): 152 - 168.

[11] 白暴力, 王胜利. 供给侧改革的理论和制度基础与创新 [J] 中国社会科学院研究生院学报, 2017 (2): 49 - 59.

[12] 白让让. 供给侧结构性改革下国有中小企业退出与"去产能"问题研究 [J]. 经济学动态, 2016 (7): 65 - 74.

[13] 杜红艳. 试析供给侧结构性改革视角下的中小制造企业转型升级 [J]. 廊坊师范学院学报 (自然科学版), 2016 (4): 67 - 70.

[14] 何静. 小微企业供给侧改革支撑企业融资的思考 [J]. 金融经济, 2017 (8): 3 - 5.

[15] 刘杰. 企业成本控制的供给侧改革 [J]. 新会计, 2016 (12): 17 - 18.

[16] 娄鹏飞. 非金融部门杠杆率现状与去杠杆建议 [J]. 西南金融, 2017 (9): 23 - 29.

[17] 陆岷峰, 杨亮. 金融去杠杆背景下商业银行风险管理与路径选择 [J]. 金融论, 2017 (12): 3 - 10.

[18] 欧阳芳. 基于长尾理论的小微企业供给侧改革新思路 [J]. 福建论坛 (人文社会科学版), 2016 (10): 60 - 64.

基于营运资金供求关系的短期财务风险评估研究*

谢昱然　于慧颖　王竹泉[①]

摘　要　传统财务理论对财务风险界定存在局限性，不仅是以短期偿债能力评估为核心，而且所评估的短期偿债能力充其量只是一个对所有债权人的平均偿债能力。财务风险的核心内涵是营业活动资金需求与资金供给的不平衡性。影响企业资金供求关系的不仅有企业的投资者、经营者，还有企业的供应商、顾客、员工、政府等其他利益相关者。因此，短期财务风险评估应该以评估营运资金供求关系的不平衡性为核心，在满足经营者和投资者对财务风险信息需求的同时，兼顾企业供应商、客户等的财务风险信息需求，构建供应商（客户）、经营者、投资者的多维短期财务风险评估体系。运用苏宁等公司的案例数据分析表明，与以短期偿债能力评估为核心的传统短期财务风险评估相比，基于营运资金供求关系的短期财务风险评估体系更能体现企业真实的财务风险分布及其水平。

关键词　营运资金；财务风险；资金供求关系的不平衡性

一、引言

研究企业财务管理问题，主要从资本的逐利避险性质上着手，资金作为企业"流动的血液"，资金管理在企业财务管理中占据重要地位，可以从资本效率和财务风险两大方面对资金管理进行探讨。而营运资金作为企业的流动资金，融通企业的营业活动，与短期财务风险密切相关。

评价企业的短期财务风险一直是理论界长久关注的话题，传统理论一般从债权人角度出发，分析企业的财务风险，将财务风险定义为到期能否足额偿还债务的不确定性。这样分析得出的短期财务风险，实质上还是对企业短期偿债能力的评价，而且没有区分

---

* 基金项目：国家自然科学基金"利益相关者视角的营运资金管理研究与中国上市公司营运资金管理数据平台扩充建设"（项目编号：71372111），中国海洋大学基本科研业务费重大项目"资金管理智库基础数据平台研究"（项目编号：201762027）。

① 作者简介：谢昱然，中国海洋大学管理学院会计学专业硕士研究生。于慧颖，中国海洋大学管理学院会计学专业硕士研究生。王竹泉，中国海洋大学二级教授，管理学院副院长，中国企业营运资金管理研究中心主任。

债权人中的金融债权人、供应商和客户，仅在衡量总体债权人后得出一个平均值，并不能够准确反映企业的短期财务风险，也不能与企业的营业活动的实际情况结合。如果从企业经营者角度出发，财务风险最本质的来源应该是资金链对企业营业活动的支持程度，即在营业活动中，资金的供给与需求是否相匹配，因此短期财务风险评估的关键在于营运资金供求关系的平衡性。而从企业实际所处经营环境和业务活动层面看，不仅企业经营者、金融债权人会对企业的营运资金供求关系产生影响，企业的其他利益相关者包括供应商（客户）、政府、员工等均从不同方面对营运资金的供求产生影响。

基于此，本文将从资金供给和资金需求两方面，在传统偿债能力指标分析的基础上，对企业短期财务风险指标进行修正和创新，构建以经营者、债权人、供应商（客户）多维度的短期财务风险评价体系，力求能够更为准确地衡量评价企业短期财务风险。

二、文献综述

本文的研究思路在于基于营运资金供求关系，从资金的需求者即企业经营者、资金的提供者即金融债权人和能够对企业资金需求造成影响的企业供应商（客户）三种角度，将营运资金的不平衡性作为衡量短期财务风险的核心，创新短期财务风险评价体系。因此，本文从营运资金管理和财务风险两方面对相关文献进行梳理。

（一）财务风险相关文献梳理

早期财务理论从狭义上定义财务风险，认为财务风险是企业到期偿还债务的不确定性。毛付根（1995）从净营运资本等于企业流动资产减去流动负债这一定义入手，强调企业生产经营活动有充足的偿债能力的重要性，将净营运资本作为重要的财务风险评价指标。黄锦亮、白帆（2004）更认同财务风险的广义定义，认为财务风险是指：企业财务活动的整个过程中，由于各种不确定因素的影响，使企业实际收益与预期收益发生偏离的不确定性。于新花（2009）在总结以往学者从筹资活动、投资活动、资金回收和效益分配四个方面定义财务风险的基础上，提出财务风险体现在资金运动的状况和结果上，因此将财务风险划分为财务状况风险和财务结果风险。但是在分析风险影响因素时，仍然将目光聚焦在企业偿还债务的能力上。

在中国资本市场尚不发达的过去，企业的投资、筹资活动被视为服务于经营活动的辅助性活动，认为营业活动与经营活动等同，而不将资本经营纳入营业活动中，这显然是狭隘的观点。王竹泉（2013）从资金管理的角度，将营业活动重新定义为运用资金为企业创造价值的活动，因而将营业活动重分类为经营活动和投资活动。在此基础上，他认为企业财务风险的核心内涵是分析企业资金的需求及其保障能力。

（二）营运资金相关文献梳理

我国对于营运资金管理的研究起步于 20 世纪 90 年代，毛付根（1995）提出并强调营运资金管理的重要性，向平（1997）将营运资金等同于净营运资本，强调营运资金管理的核心在于对投资和理财活动的管理,并提出"零营运资金管理"的概念,尽可能运用短期资金筹集解决流动资金需要,但是应注重过程中风险的控制。杨雄胜(2000)关注企业营运资金和现金流量,将两者与企业偿债能力联系起来。以上观点还是基于传统视角,以营运资金为流动资产与流动负债的差额为基础,认为营运资金管理侧重于对企业资产流动性和偿债能力的管理。

在传统营运资金理论的基础上,王竹泉、逄咏梅、孙建强(2007)回顾梳理国内外营运资金管理研究历程,认为传统的营运资金分类方法存在缺陷,因此将营运资金按经营活动与投资活动划分,其中经营活动营运资金按渠道进一步细分。王竹泉、孙莹(2010)结合 IASB/FASB 联合框架,指出现有营运资金概念的不足在于以债权人角度定义,而没有考虑企业经营者自身的资金管理,因此对营运资金进行概念重构。他们提出把企业长期占用的资产纳入营运资金范畴,认为营运资金等于总资产减去营业活动所造成的负债。

近年来,国内对于营运资金的研究呈现持续增长趋势,对其的研究应不断变革和深入,王竹泉、王苑琢(2013)认为研究在基于渠道理论基础上应向利益相关者视角深化和扩充。王风华、王竹泉(2014)重点探究利益相关者理论与营运资金管理的融合,不同类型利益相关者应采取何种模式的管理模式。

(三) 文献述评

通过以上文献的梳理,我们可以看出在研究财务风险时,多数学者是从企业偿债能力和盈利性方面着手,这种分析是基于债权人角度,对企业平均偿债能力进行衡量,没有考虑企业营业活动自身的资金需求与供给是否平衡,也没有关注营业活动中影响资金供求的各主体。在对营运资金管理理论的探讨上,由于传统理论对营运资金定义的偏差,导致早期营运资金管理理论也是从债权人视角,普遍强调资产的流动性和企业的偿债能力。在后续发展过程中,国内学者从企业经营者进行资金管理的角度出发,重构营运资金的概念,并创新性提出以渠道理论、利益相关者理论为基础的营运资金管理理论,将营运资金理论进一步完善和发展。在此基础上,基于营业活动的重分类,重新审视财务风险的内涵。学者将引发企业财务危机的关键因素聚焦于资金链的断裂,并且从营业活动本质分析,把财务风险的分析的重点放在营业活动资金的筹集是否能够保障资金的需求。本文在此思想上进一步延续,认为衡量和评价企业短期财务风险应该将业务活动和财务活动整合,在对短期财务风险评估时,重点关注营运资金供求关系的不平衡性。

综上所述,在相关理论逐渐完善的今天,在企业营业活动重分类视角下,基于营运资金供给和需求关系重新分析评价企业的短期财务风险具有必要性。因此本文认为,应该在传统财务指标评价体系的基础上,对关键指标进行修正,补充业务活动中供应商(客户)等能够影响企业财务风险中资金供求关系的视角,建立多维度创新的短期财务风险评价体系,且该体系具有一定的研究价值和研究意义。

三、基于营运资金供求关系的财务风险内涵

传统的财务风险一般有狭义和广义两种定义方法,狭义的观点认为企业财务风险只

与企业的债务有关,广义的观点认为财务风险贯穿于企业整个经营活动,从理财活动角度划分,对财务风险的评价主要包括对公司筹资能力、投资能力、偿债能力、盈利能力和营运能力的分析,重点关注指标间的数据联系,而没有从企业资金管理视角出发,将业务活动与财务风险结合分析,深入探究企业经营中发生财务风险的本源。

要研究企业财务风险的来源,首先应该重新审视企业的经济活动。一般观点将企业的经济活动根据主从关系,划分为经营活动和理财活动。理财活动是投资活动和筹资活动的统称,它们均附属于经营活动。但是从资金供给和需求方面分析,传统的分类方法存在局限性。在企业中,需要利用资金创造价值的活动包括经营活动和投资活动,而资金来源于筹资活动,它为企业提供资金的保障。尤其当前在资本市场逐渐成熟的情况下,更不能忽视投资活动运用资金为企业创造价值的重要地位,应将其与经营活动并列作为企业的营业活动。

受传统营业活动分类的影响,营运资金与营运资本不加以区分,同样被定义为流动资产与流动负债的差额。在基于资金供求角度重新分类企业经济活动后,进一步重新界定企业营运资金的概念。从企业实际运营的角度看,将营运资金的概念拓展为流动资产减去非筹资性流动负债的差额,即在企业流动资产上所占用的投资者投入的资本,即企业的流动资金。进一步推导营运资金需求公式变换为营运资金 = 营运资本 + 筹资性流动负债。根据营运资本 = 流动资产 − 流动负债 = 长期负债 + 所有者权益 − 非流动资产,将长期负债区分为筹资性与非筹资性负债,进而将等式转换为营运资本 = 筹资性长期负债 + 所有者权益 − (非流动资产 − 非筹资性长期负债) = 长期资本来源 − 长期资金。回看营运资金的计算公式,可以发现其中营运资本代表企业筹集的长期资本用于流动资金(或营运资金)的部分,筹资性流动负债则代表企业通过短期借款等短期负债方式筹集的流动资金,营运资本和筹资性流动负债分别代表企业营运资金的长期和短期供给来源。上述等式反映了营运资金供给和需求之间的平衡关系。

在把握营业活动和营运资金的基础上,探究与营运资金相关的短期财务风险。基于营运资金供求关系,企业的财务风险应该从营运资金供给对营运资金需求的平衡性上衡量和评价风险,即企业从金融债权人和股东方面筹集用于营业活动的营运资金是否充足,资金的供给是否可以满足为企业创造价值的营业活动的正常运转。因此,财务风险的核心内涵是营运资金供求关系的不平衡性。

四、短期财务风险评估理念创新与评估指标设计

(一) 短期财务风险评估理念创新

过去,由于大多数学者所认同的财务风险内涵是企业到期能否足额偿还债务的不确定性,因此将评价财务风险的评价重点放在对企业的负债水平、资产的流动性上,评估企业短期财务风险主要考察企业的流动比率、速动比率和现金比率,关注企业能否及时将流动资产变现用以偿还短期债务。但是,通过上文对财务风险和营运资金的重新定义

后,我们发现以前对于短期财务风险的评估有一定的不足:即将所有债权人视为一个主体,而没有考虑全体债权人中作为投资者的金融债权人和作为企业供应商、客户等的商业债权人的区分。即使从偿债能力的角度来看,流动比率、速动比率等传统分析指标所计算的偿债能力充其量是一个对所有债权人的平均偿债能力而已。

本文从财务风险的内涵入手,认为企业的营业活动形成资金需求,筹资活动满足资金需求,而企业的财务危机就是由于其筹资活动对营业活动形成的营运资金需求无法提供保障,营运资金供求存在极大的不平衡性,从而导致企业资金紧张、资金链断裂,动摇了企业生存的根基,导致企业的营业活动难以为继,最终走向破产。基于这一理论分析,本文从企业营运资金的需求程度和供给能力两方面出发,寻找影响这两方面的相关因素,从而确定评估企业财务风险的指标体系。

营业活动占用资金,形成需求;筹资活动则是资金来源,形成供给。资金需求量是企业用于经营活动和投资活动的资金数量。相应的,企业的营运资金也就应当是与这两类活动有关的流动资产和流动负债的差额,或者说是营业活动流动资产净额。这种概念准确地表达了企业日常营业活动中的资金需求,与企业的经济活动更具一致性。用公式来表达营运资金的这一概念即为:

营业活动营运资金 = 经营活动营运资金 + 投资活动营运资金
= 经营性流动资产 − 经营性流动负债
+ 投资性流动资产 − 投资性流动负债

只有资金需求与供给两者相互协调匹配,其供求关系具有平衡性,企业的营业活动才能正常进行,因此评价短期财务风险的关键在于资金需求和供给的不平衡性程度的衡量。

1. 营运资金需求的衡量及影响因素

营运资金中的经营性和投资性流动资产(如存货、交易性金融资产等)表示营业活动对资金的占用总额,流动负债(如应付账款、应付职工薪酬等)表示营业活动本身能够提供的资金,是营业活动资金占用额的抵减额。这样,营运资金就能够表示企业营业活动对企业短期资金的占用情况,形成了营运资金需求。利用财务报表数据可以完整地计算出企业的这一资金需求:

营运资金需求 = 流动资产 − 非筹资性流动负债
= 流动资产 − 流动负债 + 筹资性流动负债

筹资性流动负债具体是指短期借款、应付利息、应付股利和一年内到期的非流动负债等。

基于上述理论,我们从资金的需求方即企业经营者的角度来看,企业的经营管理模式是影响企业营运资金需求的重要因素。资金需求是业务管理的结果,已有研究表明,通过优化供应链和渠道关系可以有效减少不必要的营运资金需求,减少资金占用。从营运资金需求的公式上我们可以看出,增加非筹资性流动负债可以有效地减少资金需求,因此,供应商(客户)的商业信用可以起到减少资金需求的作用。企业从供应商方面或客户方满获得的信用越多,商业信用占比越大、周转效率越高,企业的营业模式就越好,其营运资金的需求就越小,企业资金供给的保障程度更高。企业短期发生财务风险的概率越低。

2. 营运资金供给的衡量及影响因素

就企业短期财务风险来看，营运资本（流动资产－流动负债）可以被视为一个筹资来源，即用长期资本（长期负债与所有者权益之和）来满足流动资金的需求；与之相对应的概念是营业活动资金净融资需求，即新定义的营运资金（营运资本＋短期金融性负债）。总的来说，企业营运资金的供给包括两部分：第一是来自筹资性流动负债的资金，我们称之为短期金融负债；第二是营运资本，即来源于企业长期资金的部分。用公式来表示营运资金需求与供给之间的平衡关系为：

营运资金需求 = 筹资性流动负债 + 营运资本

= 短期金融负债 + 流动资产 － 流动负债

其中筹资性流动负债表示通过短期借款等融通的流动资金，而营运资本来源于长期负债或所有者权益。由于债务资本和权益资本的资金成本、风险大小和稳定程度不同，所以企业的资本结构不同时，营运资本的稳定程度也就不同。通过分析短期金融负债和营运资本分别对营运资金需求起了多大的保障作用可以得知企业整体的资金供给质量的高低。

（二）评估指标设计

基于资金供求关系不平衡性为核心的财务风险评价，我们从营业活动中影响营运资金供求平衡性较大的三种视角，包括企业经营者、金融债权人、供应商（客户）入手设计了与这三者相关的财务指标，利用上市公司的公开信息对其短期财务风险进行评估，力求还原真实的企业短期财务风险。

1. 企业经营者视角

资金管理是企业财务管理的重要内容。就企业资金管理方来看，营运资金的来源或融资结构决定了企业的资金管理体制。在企业的营业活动中，经营者自身是资金运用的主体，从经营者角度评价反映的是企业营运资金的需求。除上文已提到的"营运资金需求 = 流动资产 － 非筹资性流动负债"这一计算公式外，本文还借鉴上市公司营运资金管理调查中的短期金融性负债占比和营运资本期末占比两项指标。用公式表达为：

短期金融性负债期末占比 = 筹资性流动负债期末数/营运资金

= （短期借款 + 应付股利 + 应付利息 + 一年内到期的非流动负债）/营运资金

营运资本期末占比 = 营运资本期末数/营运资金

= （流动资产 － 流动负债）/营运资金

新定义的营运资金由短期金融性负债和营运资本构成，计算两者各自所占比值可以体现营运资金的融资结构，即体现营业活动流动资金净需求中有多大比例是通过短期金融性负债体现，有多少比例是通过长期资本实现。营运资金的来源不同，其所承担的财务风险也不同，短期金融性负债相比于营运资本的财务风险更大，因此短期金融性负债占比高，则体现企业的短期财务风险大。

2. 金融债权人视角

金融债权人是企业资金的外部提供者，代表企业营运资金的供给方。企业通过向银行等金融机构借款可以满足其在日常营业活动中的资金需求。企业的债务筹资能力会通过短期金融负债的数量、质量以及长期借款高的数量、质量来影响企业的营运资金需求保障能力。企业的营运资金需求保障能力与其债务筹资能力正相关。

向商业银行借款是企业进行债务筹资的重要方式。商业银行对企业贷款偿还能力的分析，很大程度上依赖于金融债权人对企业偿债能力的评判。金融债权人根据企业的偿还到期债务的能力，决定是否给企业贷款或给予贷款额度的大小。因此，基于金融债权人的视角，企业能否偿还到期债务是衡量财务风险大小的重要标志。

由于企业经营者衡量营运资金融资结构时，采取短期金融性负债和营运资本分别占营运资金比重进行分析，因此在金融债权人角度，相应地将流动比率改进为短期金融性负债流动比率，计算时采用短期金融性负债流动比率。用公式表达为：

短期金融性负债流动比率 =（流动资产 - 非筹资性流动负债）/筹资性流动负债
= 营运资金/筹资性流动负债

短期金融性负债流动比率越高，说明营运资金对短期金融性负债的保障程度越高，即企业的短期财务风险越低。

3. 供应商（客户）视角

企业的供应商（客户）虽然不是营运资金供求关系的直接参与者，但是在营运资金运作过程中，企业凭借自身的信用、品牌等优势，占用供应链上下游的供应商（客户）资金用于自身的营业活动，因此减少了营运资金需求部分，对营运资金供求关系是否平衡产生影响。因此本文也将供应商（客户）作为单独视角，设计指标评价其在营运资金供求关系的作用及对短期财务风险的影响。除传统指标体系中对应付账款周转、现金周转期、流动资产周转期等指标外，本文认为可以构建供应商（客户）债务流动比率，借鉴短期金融性负债的计算方法，将供应商（客户）债务流动比率定义为"供应商（客户）债务流动比率 = [流动资产 - 流动负债 +（应付账款 + 应付票据 - 预付账款）] /（应付账款 + 应付票据 - 预付账款）"。其中，分母（应付账款 + 应付票据 - 预付账款）代表企业，分子代表企业的流动资产在偿还了除供应商（客户）净债务以外的其他流动负债后尚剩余的偿债资源。该比率越高，意味着企业对供应商（客户）债务的偿债能力越强。

如果将经营者视角和金融债权人视角视为企业从事财务活动所引发的风险，那么供应商（客户）视角就是企业实际业务活动中产生的风险，将业务、财务风险结合分析，构建多维度的短期财务风险评价指标体系（如表1所示），才能够更为准确地反映企业的真实风险水平。

表1　　　　　　　　　多维度视角的短期财务风险评价指标体系

角度	指标	计算公式
企业经营者视角	短期金融性负债期末占比	短期金融性负债期末占比 = 筹资性流动负债期末数/营运资金
	营运资本期末占比	营运资本期末占比 = 营运资本期末数/营运资金
金融债权人视角	短期金融性负债流动比率	短期金融性负债流动比率 = 营运资金/筹资性流动负债 =（流动资产 - 非筹资性流动负债）/筹资性流动负债

续表

角度	指标	计算公式
供应商（客户）视角	供应商（客户）债务流动比率	供应商（客户）债务流动比率＝［流动资产－流动负债＋（应付账款＋应付票据－预付账款）］／（应付账款＋应付票据－预付账款）

五、案例分析

（一）苏宁云商和国美零售对比分析

1. 苏宁云商和国美零售基本情况概述

苏宁云商集团股份有限公司创办于南京，经营商品由空调专营发展为传统家电再拓展为综合性商城。苏宁云商运用互联网技术进行流程改造升级，建立起线上网络平台和线下实体门店双向销售渠道，实行线上线下融合发展，并推进实现智慧零售战略模式落地。公司依靠成熟的供应链管理经营能力，参照阿里巴巴、京东等大型电商零售平台经营模式，以自营和引入商家的方式，经营家电3C、母婴用品、百货商品、生鲜食品等多种品类，利用互联网、物联网和大数据技术，进行品类、渠道和全球化的拓展运营。苏宁云商通过多年来在零售行业进行的资金和渠道积累，在主营零售业务的基础上，进行供应链的整合，延伸出物流服务、金融服务，资源优势凸显，企业价值不断提升。

国美电器成立于1987年，总部位于香港，是国内著名家电零售连锁企业。2017年6月12日，国美电器正式更名为"国美零售控股有限公司"，标志着其逐步向"全渠道、新场景、强链接，打造全零售生态圈"的零售业巨头发展。随着全国性实体门店和零售网络的建成，国美以商品经营为核心，提供低成本、高效率的供应链平台。同时通过开放ERP信息化平台，在订单、库存、对账、结算等环节与供应商实现信息共享，以提升周转效率、降低缺货率。不但提高了与供应商合作效率，而且降低交易成本。

由此可以看出，苏宁和国美有着相似的资本运作模式，以占用供应商资金进行融资是二者融资模式的主要特征。因此以苏宁和国美为例进行佐证能更清晰地揭示传统短期财务风险评估体系与基于资金供求关系的新体系的差异及二者在供应商融资模式的异同。

2. 基于传统视角的短期财务风险评价

在传统营销理念中，企业的经济活动被划分为经营活动和理财活动两大类，其中理财活动又包括投资活动和筹资活动。由于在很长一段时间内，企业的经济活动中产品的采购、生产和销售等运营活动占有相当大的比例，所以经营活动理所当然地成为企业一切经济活动的中心，而剩余的投融资活动被归为一类，并服务于经营活动。在研究企业的经营管理时也更加关注企业供产销方面的财务数据。企业偿还债务的能力无疑成为企业财务风险评估的关键指标，表2为使用传统指标体系对苏宁云商和国美零售2015～2017年的短期财务风险进行测算分析的结果。

表 2　　2015~2017年苏宁云商、国美零售短期财务风险测算统计表（传统指标）

年份	苏宁云商					国美零售				
	资产负债率（%）	产权比率（%）	流动比率（%）	速动比率（%）	现金比率（%）	资产负债率（%）	产权比率（%）	流动比率（%）	速动比率（%）	现金比率（%）
2015	63.75	175.88	121.22	90.60	59.29	59.87	139.68	110.08	69.16	45.75
2016	49.02	96.17	129.28	105.86	44.28	66.06	194.64	122.05	83.43	61.93
2017	46.83	88.07	125.08	96.22	52.95	72.28	260.74	103.48	72.36	45.21

根据表2中数据，我们可以看出，使用传统指标体系计算出的苏宁和国美的资产负债率维持在较高水平，对于包括金融债权人和商业债权人在内的所有债权人来说，较高的资产负债率对其不利，企业偿债存在风险。就企业短期风险来看，苏宁云商和国美的流动比率均远小于一般标准值200%，且流动比率变动十分微小，这表明企业的财务状况并未发生根本性变化，企业的短期偿债能力一直维持较低水平，企业可用来偿付短期流动负债的资金保障不足，企业所面临的短期流动性风险较大；就速动比率和现金比率来看，苏宁云商2015~2017年速动比率在100%上下浮动5%~10%不等，2015年和2017年的速动比率均低于一般标准值100%，2016年速动比率虽高于100%但现金比率却是三年中最低的，而国美近三年速动比率均低于100%。从传统评估视角来看，苏宁和国美偿债能力较差，尤其是利用货币资金偿付债务的能力较差。

3. 基于多视角的短期财务风险评价

随着我国经济的发展和资本市场的完善，传统营销观念已过时，现代市场营销理念应运而生。基于前文对财务风险内涵的重新定义后，我们发现以前对于短期财务风险的评估有一定的不足：即将所有债权人视为一个主体，而没有考虑全体债权人中作为投资者的金融债权人和作为企业供应商、客户等的商业债权人的区分。即使从偿债能力的角度来看，流动比率、速动比率等传统分析指标所计算的偿债能力充其量是一个对所有债权人的平均偿债能力而已。

基于此，本文设计了一套适合我国上市公司的多维度的财务状况评估指标体系，利用上市公司的公开信息对其财务风险大小进行评估，预测企业在未来是否会发生财务危机。该套指标体系考虑了营运活动的重分类并区别了资金、资产概念，从企业经营者、金融债权人和供应商（客户）三方面入手，选取了与这三类因素相关的财务指标，对上市公司短期财务风险进行评估。表3为基于营运资金供求关系的指标体系对苏宁云商和国美零售2015~2017年的短期财务风险进行测算分析的结果。

表 3　　2015~2017年苏宁云商、国美零售短期财务风险测算统计表（新指标）　　单位：%

年份	苏宁云商				国美零售			
	短期金融性负债期末占比	营运资本期末占比	短期金融性负债流动比率	供应商（客户）债务流动比率	短期金融性负债期末占比	营运资本期末占比	短期金融性负债流动比率	供应商（客户）债务流动比率
2015	25	75	384.18	137.24	22	78	280.33	110.31

续表

年份	苏宁云商				国美零售			
	短期金融性负债期末占比	营运资本期末占比	短期金融性负债流动比率	供应商（客户）债务流动比率	短期金融性负债期末占比	营运资本期末占比	短期金融性负债流动比率	供应商（客户）债务流动比率
2016	37	63	267.32	163.46	35	65	260.52	104.56
2017	38	62	279.15	151.39	36	64	265.56	120.32

站在企业经营者视角，苏宁云商和国美零售近年来短期金融性负债占比不断上升，营运资本占比不断下降，短期财务风险逐年增加，但近三年短期金融性负债占比均小于行业整体水平 0.48，说明短期财务风险相对较小；从金融债权人角度来看，苏宁云商和国美零售近三年短期金融性负债流动比率均高于行业平均水平 200%，表明营运资金对短期金融性负债的保障程度较高，即企业的短期财务风险越低。从供应商视角来看，苏宁云商供应商债务流动比率呈现出先增后减的变化趋势，也就是企业对供应商债务的偿债能力先强后弱，且该比率下降幅度小于上涨幅度，而国美零售的供应商债务流动比率明显低于苏宁云商；此外，与国美相比，苏宁更擅长维系与供应商的关系，与国美占用供应商的货款主要体现在应付票据不同，苏宁欠供应商资金主要体现在应付账款科目，占用供应商资金时间相对较短；国美、苏宁的流动比率均维持在 120% 左右，而国美的营运资本占总资产的比重保持在 10%，苏宁为 20%。两家企业都通过"快快收钱、慢慢付钱"的方法，力图实现营运资本管理极限——零营运资本，降低资金的占用量，提高经营效益。零营运资本在提高盈利水平的同时，也使企业承担着较高的风险，一旦企业创造现金流量的能力降低，则发生财务危机的机会就大大增加；从营运速度上分析（见表4），苏宁占有相对优势，但两个公司都存在大力改进的必要性和空间，苏宁的流动资产周转期明显低于国美，存货周转速度也快于国美。可以看出，在尽量降低营运资金的管理中，苏宁采取的策略更为稳健。由此得知，苏宁云商短期内偿还供应商债务的风险较小，而国美零售短期偿还供应商债务的风险较大。

表4　　　　2015～2017 年苏宁云商、国美零售的运营速度　　　　单位：天

年份	苏宁云商	国美零售
	流动资产周转期	流动资产周转期
2015	110.98	208.73
2016	102.67	185.56
2017	93.52	163.27

由此可见，企业经营者视角和金融债权人视角均运用营运资金相关指标与行业整体水平相比较进而评价短期财务风险，二者得出了一致的结论。而供应商（客户）视角对财务风险的评估结论未必与前者相符。基于此，我们把投资者和经营者视角的风险视为企业从事财务活动引发的财务风险，而把供应商、客户等视角的风险视为企业在实际业务活动中引发的业务风险，供应商（客户）债务流动比率为新建指标，目前尚没有行业数据与之进行对比，采用该比率对短期财务风险进行分析存在较大的主观性，因此，我

们将业务、财务风险结合分析，构建多维度的短期财务风险评价指标体系，才能更为准确地得出企业真实的风险水平。

（二）海尔集团案例分析

1. 海尔集团基本情况概述

海尔集团创立于1984年，是全球大型家电品牌，到2013年已经成为连续四年获得家电全球第一的企业。海尔致力于成为互联网企业，颠覆传统企业自成体系的封闭系统，变成网络互联中的节点，互联互通各种资源，打造共创共赢新平台，实现攸关各方的共赢增值。

在互联网时代，海尔打造了全新的资金供应模式。过去的产品模式是企业生产出来产品，放在仓库，通过大量的广告和推销，互联网拉近了客户与制造商之间的距离。针对这个变化，海尔把过去大规模的制造变成了大规模的定制，所有的产品都必须先有用户的订单，然后才有工厂的生产，根据不同的机构和用户的需求，提供解决合适的方案。海尔从客户的角度出发，实现了先下单后生产、按需定制的供应链模式。

2. 基于传统视角的短期财务风险评价

表5为使用传统指标体系对海尔集团2015~2017年的短期财务风险进行测算分析的结果。

表5　　2015~2017年海尔集团短期财务风险测算统计表（传统指标）　　单位：%

年份	资产负债率	产权比率	流动比率	速动比率	现金比率
2015	57.34	134.43	137.92	111.35	62.18
2016	71.37	249.27	94.64	69.50	32.11
2017	69.13	223.99	114.87	80.43	45.77

根据表5中数据我们可以看出，站在传统评估视角上，海尔集团2015~2017年度的资产负债率均高于50%，而较高的资产负债率给企业的偿债能力带来了风险；就流动比率来看，海尔集团2015~2017年度的流动比率均低于一般标准值200%，表明流动资产对流动负债的保障程度小；此外，近三年速动比率和现金比率均呈现出先下降后上升的变化趋势，而且下降幅度明显高于上升幅度。将多个数据指标综合起来分析，我们认为，企业短期偿债风险较大。

3. 基于多视角的短期财务风险评价

基于海尔集团的客户先下单企业后生产的供应链模式，本文设计了一套新的指标体系，从企业经营者、金融债权人和客户三方面入手，选取了与这三类因素相关的财务指标，对海尔集团短期财务风险进行评估。表6为基于营运资金供求关系的指标体系对海尔集团2015~2017年的短期财务风险进行测算分析的结果。

表6　　2015~2017年海尔集团短期财务风险测算统计表（新指标）　　单位：%

年份	短期金融性负债期末占比	营运资本期末占比	短期金融性负债流动比率	客户债务流动比率
2015	62	38	164.59	158.57
2016	57	43	175.49	87.86
2017	27	73	380.14	127.6

站在企业经营者视角，海尔集团近年来短期金融性负债占比不断下降，营运资本占比不断上升，短期财务风险逐年减少，说明短期财务风险相对较小；从金融债权人角度来看，海尔集团近三年短期金融性负债流动比率逐年上升，表明营运资金对短期金融性负债的保障程度较高，即企业的短期财务风险较低。从客户视角来看，海尔集团客户债务流动比率呈现出先减后增的变化趋势，企业对客户债务的偿债能力先弱后强。因此，基于企业经营者、金融债权人以及客户三方视角可以看出，企业短期财务风险较低。

（三）两种财务风险评价指标的差异性

由以上数据分析可知，就短期财务风险而言，在使用传统指标进行测算时，根据传统指标中的流动比率，我们可以得出企业的偿债能力较差、短期财务风险较大的结论，然而，基于资金供求关系的指标体系却显示，短期财务风险相对较小，因此，使用传统指标进行测算出现了高估企业的短期财务风险，低估其偿债能力的情况。这并非偶然现象，造成这种差异的原因主要有以下两点。

（1）营业活动分类的不合理。目前，随着经济快速发展及资本市场的进一步完善，营运资金管理研究呈现出业务、财务一体化的趋势，与此同时，企业的营业观念和财务理念也发生了明显的变化。营业活动的范畴应拓展为企业运用资金创造价值的各种活动，包括经营活动和投资活动两大类。而传统财务学习惯于将企业的经济活动分为经营活动和理财活动。企业的经营活动仅指企业的产、供、销等基本经营活动，投资活动和筹资活动一起被称为理财活动。将资金运动方向并不一致的投资活动和筹资活动均划入理财活动是不合理的，这种分类方法不符合资金运动的性质。因此，基于营业活动的重分类原则，从营运资金的需求和供给两方面入手对财务风险进行评估，使之与企业的经济活动更具一致性，该理论背景为改进相关的财务风险评估指标奠定了基础。

（2）资金与资产概念的混淆。我们以往分析财务风险时习惯于使用传统指标，如流动比率、速动比率等，这些指标涉及的变量是流动资产、速动资产等，这意味着一个重要的前提条件被大家忽略了，那就是财务管理的研究对象是资金的运动，而并非资产的运动。企业的资金来源除了投资者投入以及向金融机构借入之外，还有相当一部分来自于供应商、客户以及企业员工等，因此，企业资产和资金不再是同一个概念。

六、结论与启示

（一）结论

在上述苏宁云商和国美的案例中，使用传统指标计算就会高估企业的财务风险，这很可能会造成投资者做出错误的投资决策。此外，本文通过对国美电器和苏宁云商的对比研究发现，以占用供应商（客户）资金为特征的融资模式是一把"双刃剑"，运用得当能够发挥其低成本优势及由此带来的快速规模扩张和强劲的盈利能力，可一旦失控就会导致资金链断裂。因此，短期财务风险评估应该以评估营运资金供求关系的不平衡性为核心，在满足经营者和投资者对财务风险信息需求的同时，兼顾企业供应商、客户等的财务风险信息需求，将经营者视角和金融债权人视角视为企业从事财务活动所引发的风险，那么供应商（客户）视角就是企业实际业务活动中产生的风险，将业务、财务风险结合分析，构建供应商（客户）、经营者、投资者的多维短期财务风险评估体系，避免企业及其投资者错估风险，而且也能够为投资者进行投资决策时提供更加有用的财务信息。此外，我们可以得知，企业的财务职能不仅对偿债能力提出要求，还应具有灵活性，能够提供资金保障，适应企业发展，适应对外投资机会，满足动态资金需求。

（二）启示

基于资金供求关系的财务风险评估体系为我们控制企业财务风险提供了新视角、新途径。基于上述理论分析及案例研究，我们可以总结出以下几点启示。

1. 商业债权人角度

从资金需求的角度来看，企业应该充分利用供应商（客户）等商业债权人的商业信用，通过优化供应链和渠道关系可以有效减少不必要的营运资金需求，减少资金占用。然而，过度使用供应商（客户）资金则容易导致企业资金链脆弱，一旦失控不但会破坏商业环境的公平，而且容易引发流通领域的信用危机，造成经济不稳定，诱发诸多经济和社会问题。因此，如何识别并控制风险关键点是企业亟待解决的重大问题。

2. 金融债权人角度

从资金供给的角度来看，企业营业活动的资金来源或结构会影响财务风险评估。就短期财务风险而言，如果企业的营运资金需求更多的由短期金融负债来满足，那么企业将面临较大的短期还款压力。一旦短期金融负债的供给出现断流，而其他资金又都被长期资产占用，那么企业的营业活动就难以正常开展。相反，如果资金供给中营运资本的比例较高，那么资金供给的稳定性和持续性就会较高。因此，合理选择融资来源和结构是企业资金管理者关注的重点，高风险企业需要合理优化营运资金融资结构，适度控制短期金融负债融资比例，以降低财务风险。

3. 资金需求角度

资金管理体制是企业财务管理的重要内容。在缺乏资金管理体制或内部控制的企业中，往往有比较多的违规行为，造成资金使用不当、缺乏控制。其结果就是资金使用低效，虚增了企业的营运资金需求。在实践和以往研究中比较受关注的问题是内部控制不健全的公司利用"其他应收款"项目转移资金。混乱的"其他应收款"项目往往代表企业的资金管理中存在问题。审计师也常通过这一项目发现被审计单位的舞弊行为。资金管理体制上的漏洞所形成的多余的资金需求虽不是企业营业活动的实际需求，但其却造成了营运资金的占用，使营业活动资金短缺的可能性加大，所以也增加了财务风险。

主要参考文献

[1] 杜媛，李中山. 营运资金融资模式及其财务风险控制点研究 [J]. 财务与会计（理财版），2013

(07)：19 - 20.
[2] 黄锦亮,白帆. 论财务风险管理的基本框架 [J]. 财会研究,2004 (06)：35 - 37.
[3] 毛付根. 论营运资金管理的基本原理 [J]. 会计研究,1995 (01)：38 - 40.
[4] 孙莹. 客户关系视角的资金管理策略 [J]. 财务与会计（理财版）,2014 (3)：15 - 16.
[5] 汤谷良. 资金运营战略：速度至上——基于国美、苏宁的流动性分析 [J]. 财务与会计（理财版）,2008 (6)：33 - 35.
[6] 王凤华,王竹泉. 利益相关者管理与营运资金管理协同的策略选择 [J]. 财务与会计（理财版）,2014 (2)：56 - 58.
[7] 王竹泉. 重新认识营业活动和营运资金 [J]. 财务与会计（理财版）,2013 (4)：1.
[8] 王竹泉. 营运资金概念重构与分类研究——由 IASB/FASB 联合概念框架引发的思考 [A]. 中国会计学会教育分会. 中国会计学会2010年学术年会营运资金管理论坛论文集 [C]. 中国会计学会教育分会：2010：9.
[9] 王竹泉,李文妍,修小圆,倪玥,柳艺. 基于营运资金需求保障能力的企业财务风险评估 [J]. 财务与会计（理财版）,2013 (07)：13 - 15.
[10] 王竹泉,逄咏梅,孙建强. 国内外营运资金管理研究的回顾与展望 [J]. 会计研究,2007 (02)：85 - 90 + 92.
[11] 王竹泉,王苑琢. 营运资金管理研究的发展趋势与前沿问题 [A]. 中国会计学会. 中国会计学会2013年学术年会论文集 [C]. 中国会计学会,2013：11.
[12] 向平. 浅谈零营运资金管理 [J]. 财会月刊,1997 (08)：17 - 18.
[13] 姚宏,魏海玥. 类金融模式研究——以国美和苏宁为例 [J]. 中国工业经济,2012 (09)：148 - 160
[14] 于新花. 企业财务风险管理与控制策略 [J]. 会计之友（中旬刊）,2009 (02)：23 - 24.
[15] 闫昕. 对国美、苏宁等家电连锁企业的"类金融"发展模式的思考 [J]. 商业现代化,2007 (10)：3 - 4.
[16] 杨雄胜. 营运资金与现金流量基本原理的初步研究 [J]. 南京大学学报（哲学·人文科学·社会科学版）,2000 (05)：32 - 39.

债务结构对企业盈余管理的影响
——短期与长期融资的视角

王 萍[①]

摘 要 以2007~2017年A股非金融类上市公司为研究对象,本文研究发现:在其他条件相同的情况下,期末短期负债占总负债的比重越高,企业正向可操控性应计利润越高,通过削减生产成本和费用进行盈余管理的行为越严重。进一步地,本文将短期负债分解为短期借款与短期债券,结果显示只有短期借款与盈余管理指标显著正相关,而短期债券并未对盈余管理指标产生明显的作用。本文的经验证据表明,借款的期限越短,企业短期偿债压力越大,越有动机进行盈余管理,相反,银行等债权人并没有体现更强的监督功能,未能抑制企业的盈余管理行为。

关键词 债务结构;短期负债;应计盈余管理;真实盈余管理

一、引言

中国人民银行于1996年颁布的《贷款通则》将银行贷款分为:1年以内(含1年)的短期贷款、1年以上5年以下(含5年)的中期贷款、5年以上的长期贷款,并严格限定贷款的用途、贷款利率等。2010年,银监会提出的《流动资金贷款管理暂行办法》《固定资产贷款管理暂行办法》《个人贷款管理暂行办法》《项目融资业务指引》,并称为"三个办法一个指引",明确要求:"固定资产贷款应符合国家的产业、土地、环保等相关政策,并按规定履行了固定资产投资项目的合法管理程序,申请主体满足国家对拟投资项目的投资主体资格和经营资质要求;项目融资应符合国家产业、土地、环保和投资管理等相关政策。"在对中长期贷款的严格限定的背景下,我国商业银行在发放贷款时以短期贷款为主,根据国泰安数据库统计显示,2007~2017年中国非金融类上市公司获得的银行借款中,短期借款占比达到76.7%。

这种以短期为主的负债结构对企业的盈余管理有怎样的影响呢?根据Myers(1977)

---

① 作者简介:王萍,中国海洋大学管理学院博士研究生。

的观点:一方面,短期负债有一个不断再融资、不断接受债权人监督这样一个机制。这种机制有利于债权人了解企业相关财务和投资信息,从而能够建立更为有效的债务契约,减少负债企业的盈余管理行为。但另一方面,由于外部制度约束而形成的短期债务结构可能与企业自身需求不相一致,导致企业短期流动性风险上升,使得企业不得不进行相应的盈余管理。同时孙铮等(2006)、谭劲松等(2010)实证研究表明长期借款是地方政府干预的一种体现。政府干预往往会降低银行等债权人监督企业的动机和能力,减少其对企业盈余管理行为的作用。因此,短期借款占比与盈余管理之间可能是正向关系,也有可能是负相关系。

以2007~2017年A股非金融类上市公司为研究对象,实证结果显示:在其他条件相同的情况下,期末短期负债占总负债的比重越高,企业正向可操控性应计利润越高,通过削减生产成本和费用进行盈余管理的行为越严重。进一步地,本文将短期负债分解为短期借款与短期债券,结果显示只有短期借款与盈余管理指标显著正相关,而短期债券并未对盈余管理指标产生明显的作用。本文的经验证据表明,借款的期限越短,企业短期偿债压力越大,越有动机进行盈余管理,相反,银行等债权人并没有体现更强的监督功能,未能抑制企业的盈余管理行为。

本文的研究贡献主要体现在:第一,补充和拓展了已有债务期限结构研究的视角。无论是代理理论,还是信号传递理论,都假定企业根据代理冲突的大小或交易成本的大小来选择合适的债务期限结构,忽视了制度层面的影响。本文结合我国资本市场制度特征,企业负债期限的长短并非由其自身决定,而与国家政策密切相关,此时,债务期限是否还能如代理理论、信号传递理论预期的那样对企业盈余管理进行限制,已有研究并未回答。本文的研究对此进行了补充和完善。第二,本文的实证结果表明外生的债务期限结构迫使企业进行盈余管理活动,降低了信贷市场和债券市场对资金的配置效率,政府、银行应该逐步放松对企业借款期限的限制和约束。因此,本文的研究结论为进一步深化我国金融体制改革提供了参考。

二、理论分析与研究假设

在企业负债水平一定的情况下,如何在短期负债和长期负债之间选择,即债务期限结构问题。什么样的公司会更多地选择短期负债,什么样的公司会更多地选择长期负债,不同的理论有不同的解释。

期限匹配假说认为,企业的债务期限应该与其资产期限对应起来,即短期资产用短期负债来融资,如可以用商业信用来为存货或者应收账款提供资金,而长期资产则用长期负债来融资,如通过长期借款来支付购买固定资产或无形资产资金。Morris(1976)指出将负债与资产的期限匹配,不仅可以减少企业的违约风险,还可以提高资金的使用效率。反之,如果企业的债务期限小于资产期限,则当负债到期时,企业有可能没有足够的现金偿还债务,出现违约;如果企业的债务期限大于资产期限,表明企业可能用成本较高的长期负债投入收益较低的流动资产中,或者企业出现了闲置不用的流动资金,这两方面都将降低资金的使用效率。因此，Morris（1976）认为企业的债务期限结构安排应该充分考虑与其资产的期限结构相匹配。

在股东与经理人的代理冲突中，Stulz（1990）认为利用债务期限与企业现金流的时间分布相对应，不仅可以减少经理人每期掌控的自由现金流的数额，降低其过度投资行为，还可以避免由于股东对经理人的不信任引起的投资不足问题。Myers 和 Rajan（1998）指出当企业存在过多的流动资产时，经理人具有过度投资的倾向，但如果使用短期债务，经理人的经营决策就会周期性地受到外部投资者的监督，抑制其投资于 NPV 为负的项目的动机。

在股东与债权人之间的代理冲突中，使用短期债务可以减少企业进行资产替换的行为。根据 Black–Scholes 期权定价模型，公司股权实际上可以看成以资产价值为标的，以负债的面值作为执行价的看涨期权，资产风险越高，企业股权的价值越大。此时，负债公司就有动机以投资低风险项目为理由来发行低风险的债务，获得资金后却投资于高风险的项目，以此来实现将债权人的财富转移到股东手中。然而，事前理性的债权人预判公司的这种行为，会要求以更高的收益来弥补风险或者在债务契约中增加各种限制性条款。由于短期期权对资产收益分布的波动性不敏感，因此，短期负债受公司资产收益的方差影响较小，即使公司选择高风险项目对股权和债券价值的作用也有限。因此，缩短债务期限可以抑制企业财富转移行为。另外，在股东与债权人的代理冲突中，公司还有可能放弃一些净现值大于 0，但投资成功债权人获得大部分收益的项目，即出现投资不足问题，这种次优的投资决策是以牺牲债权人利益为代价而获得的短期收益，长期将损害公司的价值（Myers，1977）。此时，缩短债务期限结构可以减轻投资不足问题，因为动态地，当负债在企业作出投资决策之前到期，有效的债务市场将对企业的经营投资活动实施监督；当负债在企业作出投资决策之后到期，未到期的短期负债在企业投资组合出现变化时可以重新合理定价，因此，股东的投资决策对债务的价值影响较小，反过来就会减少企业投资不足的程度。

信号传递假说认为，公司会为了减少负债的错误定价而选择债务期限结构。在企业资金需求一定的情况下，缩短债务期限将增加融资的次数。每次进行债务融资时，企业需要向投资者披露信息、与其谈判磋商、聘请中介机构等，这些活动都会增加企业的交易成本。与长期负债相比，短期负债面临的不确定性较小，被错误定价的可能性或者规模较低。因此，企业需要权衡交易成本与错误定价成本来选择最优的债务期限结构。经验证据上，Mitchell（1993）研究发现，当企业的信息不对称较严重时，企业会更多地选择短期负债，这表明在信息不对称程度较高时，企业选择长期债务所承担的被错误定价的成本较高，所以缩短债务期限。

在期限匹配假说和信号传递假说下，企业的债务期限结构都是内生的，前者内生于公司的资产期限，后者由交易成本和错误定价成本共同决定，对同是内部决策的盈余管理影响较小。但在代理理论下，缩短债务期限可以定期减少经理人的自由现金流，增加签订合同的次数，债权人可以更加及时地调整债务契约的合同条款，从而不仅减少经理人的自利行为以及经理人为隐瞒自利行为而进行盈余操纵的必要性，还会增强债权人外部监督和约束的能力，最终降低经理人的盈余管理行为。

但另一方面，债务期限可能是外生的，并非由企业根据诸如资产期限、代理成本、交易成本等来决定，而是相关制度约束的结果。目前，我国商业银行对长期借款的发放要求较高，企业必须满足相关法规的要求才能申请，如固定资产贷款应符合国家的产业、土地、环保等相关政策。此时，企业并不能自由选择债务期限结构，当短期负债给企业带来巨大的还款压力时，企业并没有相应的资产来支付到期债务，使得他们不得不进行盈余管理以隐藏财务风险。基于以上分析，为了便于实证，本文提出：

假设1：在其他条件相同的情况下，企业的债务期限越短，其盈余管理程度越高。

三、研究设计

（一）样本选择

本文同样以2007~2017年非金融类A股上市公司为研究对象，并剔除总资产小于等于0，资产负债率超过1的公司以及财务数据缺失的样本。为了区分负债的期限，本文自国泰安财务报表数据库中获取短期和长期借款数据，自锐思数据库债券信息表中整理期末未到期的短期债券。实际控制人数据来源于色诺芬数据库，其他财务数据来源于国泰安数据库。为减轻极端值对研究结论的影响，本文对回归模型中用到的主要的连续变量，位于0~1%和99%~100%之间的极端值，进行了Winsorize处理。本文采用统计软件Stata11.2进行数据的处理和分析。

（二）模型设计与变量定义

1. 模型设计

为了检验债务期限结构对盈余管理的影响，本文设置解释变量Shdebt，表示短期负债占总负债的比重。同时，为了区分直接融资和间接融资，本文还设置解释变量Shbk，表示短期借款占总负债的比重，设置解释变量Shbd，表示短期债券占总负债的比重。本文以两类盈余管理指标作为被解释变量，其中应计盈余指标是通过修改的Jones模型计算而得，真实盈余管理指标是根据Roychowdhury（2006）模型计算而得。同时，本文还在模型中控制了资产规模（Size）、总资产收益率（ROA）、成长性（Growth）、机构持股比例（Inst）、第一大股东持股比例（Fshare）、审计意见类型（Opinion）、是否发行新债（Ifnew）、是否存在债券到期（Ifmat）、企业性质（SOE）、是否规避亏损（Avloss）、行业和年度哑变量等。在此基础上，本文构建多元回归模型（1）与模型（2），具体如下：

$$DA/RM = \beta_0 + \beta_1 Debt + \beta_2 Shdebt + \beta_3 Size + \beta_4 ROA + \beta_5 Growth + \beta_6 Inst + \beta_7 Fshare \\ + \beta_8 Opinion + \beta_9 Ifnew + \beta_{10} Ifnew + \beta_{11} Ifmat + \beta_{12} SOE + \beta_{13} Avloss + \lambda_i + u_i + \varepsilon \quad (1)$$

$$DA/RM = \beta_0 + \beta_1 Debt + \beta_2 Shbk + \beta_3 Shbd + \beta_4 Size + \beta_5 ROA + \beta_6 Growth + \beta_7 Inst + \beta_8 Fshare \\ + \beta_9 Opinion + \beta_{10} Ifnew + \beta_{11} Ifnew + \beta_{12} Ifmat + \beta_{13} SOE + \beta_{14} Avloss + \lambda_i + u_i + \varepsilon \quad (2)$$

2. 变量定义

主要变量的定义如表1所示。

表1   主要变量的定义

变量类型	变量名称	变量简写	变量定义
被解释变量	可操控性应计利润	DA	根据修正的Jones模型计算所得。本文还将根据DA的符号区分向上的盈余管理，用DA^+表示；向下的盈余管理，用DA^-表示
	真实盈余管理	RM	根据Roychowdhury（2006）、Cohen和Zarowin（2010）计算所得
解释变量	短期负债占比	Shdebt	（短期借款+短期债券）/（期末银行借款总和+未到期的应付债券+应付利息+应付股利）
	短期借款占比	Shbk	短期借款/（期末银行借款总和+未到期的应付债券+应付利息+应付股利）
	短期债券占比	Shbd	短期债券/（期末银行借款总和+未到期的应付债券+应付利息+应付股利）
控制变量	公司规模	Size	期末总资产的自然对数。
	总资产收益率	ROA	期末净利润除以总资产。
	成长性	Growth	（t期营业收入减去t−1期营业收入）除以t−1期营业收入。
	机构投资者持股比	Inst	机构投资者持股数量除以A股流通股股数。
	第一大股东持股比例	Fshare	第一大股东持股数量除以总股本。
	审计意见	Opinion	当审计意见为标准无保留意见时取值为0；当审计意见为带强调事项段的无保留意见、保留意见、无法表示意见、拒绝发表意见和否定意见时，取值为1。
	是否发行新债哑变量	Ifnew	公司当期发行了短期融资券、中期票据或公司债，取值为1，反之取值为0。
	是否存在债券到期	Ifmat	当公司在t期存在任一公司债、短期融资券或中期票据到期，取值为1，反之取值为0。
	企业性质	SOE	当实际控制人为国有性质时，取值为1，反之取值为0。
	规避亏损	Avloss	当净资产收益率大于0小于等于1%时，取值为1，反之取值为0。
	年份哑变量	Year	年份哑变量，涉及11年共10个变量。
	行业哑变量	Industry	行业哑变量，按证监会2001年行业分类标准（除制造业继续划分为小类外，其他行业以大类为准），剔除金融业后，涉及21个行业共20个变量

四、描述性统计

（一）全样本描述性统计

表2显示，可操控性应计利润的均值和中位数分别为0.012、0.008，都大于0，且最

大值为 0.374,大于最小值 -0.291 的绝对值,表明 2007~2017 年 A 股上市公司进行向上盈余调整的公司数量要多于向下调整盈余的公司数量,且向上调整的幅度也更大。变量 RM1 与变量 RM2 的中位数分别为 0.014、0.007,表明样本公司整体上有通过减少营业成本、削减费用、提高营业收入的真实盈余管理活动。债务规模(Debt)的统计数据显示,上市公司负债占总资金的比重平均为 26%,明显小于传统资本结构(Lev)的均值 43.7%。变量 Ddebt 显示,债券融资占总负债的比重平均只有 7.2%,表明总体上中国上市公司通过直接债务融资的规模还较小,这也是 2005 年以来中国政府大力发展债券市场的原因之一。机构投资者持有上市公司股份的比重平均为 35.6%,表明机构投资者已经形成了一定的规模。第一大股东持股比例的均值为 35.4%,最大值为 90%,说明样本公司股权相对集中。变量 Opinion 显示 2007~2017 年只有 3.4% 的公司获得了非标准审计意见,绝大多数公司都获得了清洁审计意见。期间内,有 10% 左右的公司发行了新股,有 6.4% 的公司存在债券到期。企业性质变量(SOE)显示国有企业占样本公司的比重平均为 42.9%,变量 Avloss 显示有 4.6% 公司处于微利状态,这部分公司规避亏损的可能性较大。由表 2 亦可见,全样本中短期负债(Shdebt)占比平均为 61%,最大值达到 1,最小值为 0;短期借款(Shbk)占比平均为 58.1%,而短期债券占比的均值只有 2.9%。综合可见,企业短期负债中以短期借款为主。

表 2　　　　　　　　　　　　全样本描述性统计

变量名	样本数	均值	标准差	最小值	中位数	最大值
DA	22326	0.012	0.091	-0.291	0.008	0.374
Abcfo	22577	0.000	0.083	-0.264	0.001	0.238
Abprod	20870	-0.001	0.115	-0.356	0.004	0.363
Abdexp	22577	0.000	0.065	-0.125	-0.010	0.274
RM1	20870	0.000	0.158	-0.548	0.014	0.411
RM2	22577	0.000	0.113	-0.357	0.007	0.294
|DA|	22326	0.063	0.067	0.000	0.042	0.374
|RM1|	20870	0.113	0.110	0.000	0.080	0.548
|RM2|	22577	0.083	0.076	0.000	0.060	0.357
Lev	24848	0.437	0.215	0.051	0.433	1.000
Debt	24848	0.260	0.226	0.000	0.223	0.917
Ddebt	21932	0.072	0.175	0.000	0.000	0.861
Size	24848	21.910	1.325	13.080	21.750	28.510
ROA	24848	0.046	0.060	-0.235	0.041	0.228
Growth	22752	0.228	0.609	-0.711	0.121	4.367
Inst	24567	0.356	0.237	0.000	0.347	0.860
Fshare	24845	0.354	0.153	0.003	0.335	0.900
Opinion	24846	0.034	0.181	0.000	0.000	1.000
Ifnew	24848	0.099	0.299	0.000	0.000	1.000

续表

变量名	样本数	均值	标准差	最小值	中位数	最大值
Ifmat	24848	0.064	0.244	0.000	0.000	1.000
SOE	23630	0.429	0.495	0.000	0.000	1.000
Avloss	24775	0.046	0.208	0.000	0.000	1.000
Shdebt	21932	0.610	0.353	0	0.687	1
Shbk	21932	0.581	0.360	0	0.633	1
Shbd	21932	0.029	0.102	0	0	1

（二）分组描述性统计

1. 按照应计盈余调整的方向分组统计

按照应计盈余管理的方向分组，统计结果见表3。在 DA 大于 0 的公司组，短期负债占比的均值为 0.612，大于 DA 小于 0 公司组的 0.595，T 检验显示二者差异在 1% 水平下显著，即可操控性应计利润大于 0 的公司组短期负债占比要明显高于可操控性应计利润小于 0 的公司组。变量短期借款占比（Shbk）在两组中的表现与短期负债占比（Shdebt）相似。与之不同，短期债券占比在 DA 小于 0 的公司的均值为 3.2%，而在 DA 大于 0 的公司的均值为 2.9%，二者差异在 5% 水平下显著，表明进行负向操作应计利润的公司其短期债券规模相对更高。

表3 分组描述性统计

变量名	DA < 0		DA > 0		均值差异
	样本数	均值	样本数	均值	
Shdebt	8986	0.595	11171	0.612	-0.017***
Shbk	8986	0.563	11171	0.584	-0.020***
Shbd	8986	0.032	11171	0.029	0.003**

2. 按照行业分组统计

图1显示，短期负债占比前三位的行业分别是"电子（C5）、农、林、牧、渔业（A）、纺织、服装、皮毛（C1）"，平均在 72% 以上。相反，"房地产业（J）、电力、蒸汽、热水的生产和供应业（D）、采掘业（B）"三个行业短期负债占比最低，平均只有 37%。

（三）相关性分析

表4统计了可操控性应计利润大于 0 公司组变量之间的相关关系。Spearman 相关系数显示，应计盈余与短期负债占比、短期借款占比的相关系数分别为 0.028、0.039，皆在 5% 水平下显著，表明负债的期限结构越短，企业可操控性应计利润越大。变量 Shbd 与 DA + 的相关系数为 -0.0785，说明总负债中短期债券规模越大，企业向上调整盈余的程度更小。真实盈余管理指标 RM1、RM2 与变量 Shdebt、Shbk 都显著正相关，说明负债的期限结构越短，企业通过提高营业收入、增加生产成本、削减费用等方式进行真实盈

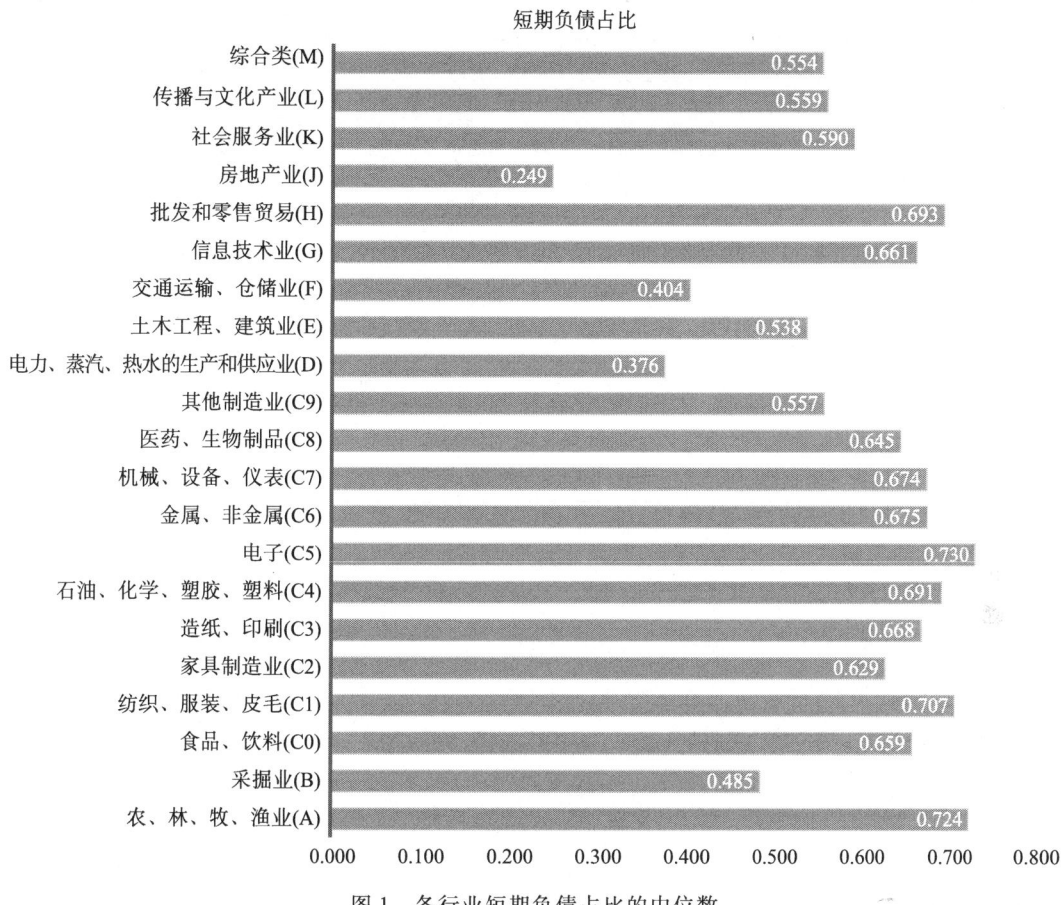

图 1 各行业短期负债占比的中位数

余管理的程度更大。另外,表4亦显示,除了公司规模(Size)与短期借款占比(Shbk)的相关系数为 - 0.3340 较大外,其他变量间的相关系数都较小,表明多重共线性在本文中可能并非一个严重的问题。

表4				相关系数表(DA > 0)							
	DA +	RM1	RM2	Debt	Shdebt	Shbk	Shbd	Size	ROA	Growth	Inst	Fshare
DA +	1	0.0961 *	0.4300 *	0.0323 *	0.0280 *	0.0390 *	- 0.0785 *	- 0.0449 *	0.1720 *	0.0981 *	- 0.0483 *	- 0.00220
RM1	0.1146 *	1	0.7155 *	0.2357 *	0.0218 *	0.0244 *	0.0383 *	0.0801 *	- 0.3864 *	- 0.1247 *	- 0.0186	0.0119
RM2	0.4322 *	0.7227 *	1	0.2544 *	0.0800 *	0.0854 *	- 0.00360	- 0.0106 *	- 0.4057 *	- 0.0854 *	- 0.0830 *	- 0.0179
Debt	0.0769 *	0.2510 *	0.2296 *	1	- 0.1282 *	- 0.1417 *	0.2667 *	0.3765 *	- 0.3771 *	- 0.0004	0.0677 *	0.0768 *
Shdebt	- 0.0042	0.0540 *	0.0907 *	- 0.0746 *	1	0.9647 *	- 0.0072 *	- 0.2991 *	- 0.0148	0.0181	- 0.1363 *	- 0.0791 *
Shbk	0.0133	0.0526 *	0.0903 *	- 0.1142 *	0.9594 *	1	- 0.2138 *	- 0.3340 *	- 0.0257 *	0.0238 *	- 0.1554 *	- 0.0785 *
Shbd	- 0.0625 *	0.0017	- 0.0042	0.1450 *	0.0794 *	- 0.2050 *	1	0.3217 *	- 0.0353 *	- 0.0139	0.1143 *	0.0112
Size	- 0.0481 *	0.0608 *	0.0001	0.4326 *	- 0.2529 *	- 0.3122 *	0.2259 *	1	0.0099	0.0557 *	0.3728 *	0.2303 *
ROA	0.2105 *	- 0.3445 *	- 0.3397 *	- 0.3953 *	- 0.0485 *	- 0.0478 *	0.0004	- 0.0177 *	1	0.3173 *	0.1095 *	0.0550 *
Growth	0.2355 *	- 0.1084 *	- 0.1537 *	0.0091	- 0.0410 *	- 0.0281 *	- 0.0418 *	0.0438 *	0.2181 *	1	- 0.00290	- 0.0110

续表

	DA +	RM1	RM2	Debt	Shdebt	Shbk	Shbd	Size	ROA	Growth	Inst	Fshare
Inst	-0.0505*	-0.0690*	-0.0898*	0.1500*	-0.1495*	-0.1798*	0.1160*	0.4257*	0.0540*	-0.00980	1	0.3594*
Fshare	-0.00100	-0.00260	-0.0376*	0.0284*	-0.0757*	-0.0755*	0.00430	0.2384*	0.1168*	0.0297*	0.2786*	1

注：矩阵左下（右上）部分为 Pearson（Spearman）相关性系数；*表示在5%水平下显著。

表5统计了可操控性应计利润小于0公司组变量之间的相关关系，为了便于统计，本文取应计利润的绝对值。右上部分 Spearman 相关系数表显示，变量 Shdebt 与变量｜DA^-｜、RM1、RM2 的相关系数都显著为正，表明短期负债占比越高，企业进行负向应计盈余操纵的程度更大，但更有可能通过真实盈余管理活动来提高利润。变量 Shbd 与变量｜DA^-｜的相关系数为 -0.102，说明短期债券占比越高，企业向下调整应计利润的程度越小。

表5 相关系数表（DA < 0）

	｜DA^-｜	RM1	RM2	Debt	Shdebt	Shbk	Shbd	Size	ROA	Growth	Inst	Fshare
｜DA^-｜	1	-0.0367*	-0.3147*	0.0231*	0.0342*	0.0494*	-0.1020*	-0.1189*	-0.1061*	0.0539*	-0.0661*	-0.0422*
RM1	-0.0524*	1	0.7270*	0.2486*	0.0684*	0.0797*	0.0340*	0.0477*	-0.3974*	-0.1488*	-0.0741*	0.00250
RM2	-0.3487*	0.7227*	1	0.2627*	0.0740*	0.0778*	0.0495*	-0.00990	-0.5227*	-0.2093*	-0.1046*	-0.0442*
Debt	0.0348*	0.2510*	0.2296*	1	-0.0759*	-0.0887*	0.2672*	0.3458*	-0.3897*	-0.0451*	0.0554*	0.0399*
Shdebt	0.00980	0.0540*	0.0907*	-0.0746*	1	0.9584*	-0.00720	-0.2943*	-0.0777*	-0.0378*	-0.1572*	-0.0569*
Shbk	0.0313*	0.0526*	0.0903*	-0.1142*	0.9594*	1	-0.2276*	-0.3382*	-0.0952*	-0.0293*	-0.1799*	-0.0617*
Shbd	-0.0713*	0.00170	-0.00420	0.1450*	0.0794*	-0.2050*	1	0.3519*	-0.00790	-0.0198	0.1434*	0.0347*
Size	-0.1042*	0.0608*	0.000100	0.4326*	-0.2529*	-0.3122*	0.2259*	1	0.1091*	0.1196*	0.4031*	0.2437*
ROA	-0.2102*	-0.3445*	-0.3397*	-0.3953*	-0.0485*	-0.0478*	0.000400	-0.0177*	1	0.3799*	0.1981*	0.1403*
Growth	0.2594*	-0.1084*	-0.1537*	0.00910	-0.0410*	-0.0281*	-0.0418*	0.0438*	0.2181*	1	0.0402*	0.0431*
Inst	-0.0560*	-0.0690*	-0.0898*	0.1500*	-0.1495*	-0.1798*	0.1160*	0.4257*	0.0540*	-0.00980	1	0.3793*
Fshare	-0.0199*	-0.00260	-0.0376*	0.0284*	-0.0757*	-0.0755*	0.00430	0.2384*	0.1168*	0.0297*	0.2786*	1

注：矩阵左下（右上）部分为 Pearson（Spearman）相关性系数；*表示在5%水平下显著。

五、实证结果与分析

（一）债务期限结构与应计盈余管理

以可操控性应计利润的绝对值为因变量、解释变量和控制变量都在当期，回归结果如表6第（1）列所示，变量 Shdebt 的系数为0.006，在1%水平下显著，表明当短期负债当总负债中所占的比重增加一个标准差（0.353）时，企业可操控性应计利润将增加0.002，相当于其均值（0.063）的3.4%。企业 t 期的盈余管理行为可能受到因为 t-1 期变量的影响，为此，本文还将解释变量和控制变量都滞后一期，结果如第（2）列所示，变量 Shdebt 的系数有所下降，为0.004（5%水平下显著）。为了降低公司层面固定不变的不可观察因素的影响，本文还通过固定模型进行回归，结果如第（3）列所示，变量Shdebt的系数仍然显著为正。因此，整体上短期负债占比与可操控性应计利润之间存在显著的正向关系。为了区分债务期限结构对不同方向盈余管理的作用，本文还分别以正向可操控性应计与负向可操控性应计的绝对值为被解释变量。第（4）列显示，变量Shdebt的系数为0.011（1%水平下显著），此时，当短期负债占比增加一个标准差（0.355）时，正向可操控性应计将增加0.004，相当于其均值（0.067）的5.8%。同样，本文还将模型中的解释变量和控制变量都滞后一期以及用固定效应模型控制不可观察因素，研究结论基本不变。在以｜DA⁻｜为被解释变量时，无论是用当期的解释变量，还是滞后一期的解释变量或者用固定效应模型，结果都显示本文没有发现债务期限结构对企业向下的应计盈余管理有明显的作用。综合可见，债务期限越短，企业向上调控应计利润的程度越高。

表6　债务期限结构对应计盈余的影响

	｜DA｜			DA⁺			｜DA⁻｜		
	(1)	(2)	(3)	(4)	(5)	(6)	(7)	(8)	(9)
	当期	滞后一期	固定效应	当期	滞后一期	固定效应	当期	滞后一期	固定效应
Shdebt	0.006***	0.004**	0.007***	0.011***	0.008***	0.013***	−0.002	0.000	−0.004
	(3.07)	(2.39)	(2.95)	(4.52)	(3.09)	(3.85)	(−0.78)	(0.03)	(−1.38)
Debt	0.023***	0.018***	0.021***	0.059***	0.019***	0.057***	−0.013***	0.018***	−0.020***
	(5.76)	(4.92)	(3.52)	(10.47)	(3.48)	(6.40)	(−3.30)	(4.02)	(−2.76)
Size	−0.003***	−0.008***	0.000	−0.005***	−0.009***	0.004	−0.002**	−0.007***	−0.003
	(−5.12)	(−11.21)	(0.10)	(−5.55)	(−9.45)	(1.53)	(−2.40)	(−8.17)	(−1.26)
ROA	0.024	0.011	0.048**	0.367***	0.122***	0.529***	−0.253***	−0.132***	−0.285***
	(1.41)	(0.77)	(2.32)	(15.53)	(6.28)	(17.02)	(−14.99)	(−7.20)	(−12.99)
Growth	0.025***	0.007***	0.021***	0.021***	0.008***	0.013***	0.030***	0.004**	0.029***
	(16.84)	(6.39)	(13.77)	(9.44)	(5.34)	(5.92)	(15.91)	(2.40)	(13.02)
Inst	−0.005*	0.004	0.003	−0.015***	0.003	−0.005	0.007**	0.007**	0.013***
	(−1.72)	(1.39)	(0.83)	(−3.79)	(0.66)	(−0.91)	(2.21)	(2.18)	(2.70)
Fshare	0.009**	0.006	0.042***	0.012**	0.009	0.044***	0.007	0.002	0.040***
	(2.01)	(1.33)	(3.81)	(2.02)	(1.44)	(2.59)	(1.31)	(0.41)	(3.00)
Opinion	0.023***	0.032***	0.012***	0.013**	0.035***	0.005	0.021***	0.029***	0.017***
	(5.27)	(7.02)	(2.78)	(2.15)	(4.58)	(0.79)	(4.89)	(5.40)	(3.48)
Ifnew	−0.004***	−0.004**	−0.005***	−0.002	−0.003	−0.006**	−0.008***	−0.004*	−0.004**
	(−2.81)	(−2.36)	(−2.81)	(−0.69)	(−1.44)	(−2.21)	(−4.40)	(−1.87)	(−2.24)
Ifmat	−0.010***	−0.002	−0.007***	−0.017***	−0.000	−0.014***	−0.000	−0.003	0.002
	(−6.20)	(−1.06)	(−3.99)	(−7.48)	(−0.00)	(−5.51)	(−0.14)	(−1.36)	(1.10)
SOE	−0.006***	−0.004***	−0.008**	−0.006***	−0.006***	−0.009	−0.004**	−0.002	−0.000
	(−4.63)	(−3.05)	(−2.14)	(−3.37)	(−3.03)	(−1.64)	(−2.25)	(−1.09)	(−0.04)

续表

	|DA|			DA⁺			|DA⁻|	
	(1)	(2)	(3)	(4)	(5)	(6)	(7)	(8)	(9)
	当期	滞后一期	固定效应	当期	滞后一期	固定效应	当期	滞后一期	固定效应
Avloss	-0.009***	0.003	-0.011***	0.005*	0.004	0.003	-0.012***	0.004	-0.010***
	(-4.57)	(1.50)	(-5.28)	(1.73)	(0.85)	(0.99)	(-5.14)	(1.64)	(-4.07)
_cons	0.129***	0.221***	0.037	0.140***	0.244***	-0.080	0.107***	0.211***	0.112**
	(9.15)	(14.80)	(0.95)	(7.17)	(11.79)	(-1.40)	(6.90)	(11.53)	(2.53)
行业	控制	控制	未控制	控制	控制	未控制	控制	控制	未控制
年度	控制	控制	控制	控制	控制	控制	控制	控制	控制
N	18918	17061	18918	10493	9228	10493	8425	7833	8425
adj. R-sq	0.127	0.087	0.068	0.169	0.103	0.133	0.200	0.107	0.143

注：本表是根据模型（1）回归得到的结果，括号内的数字为经 White（1980）异方差修正且考虑方差序列相关性后的 t 统计量；*、**、*** 分别表示在 10%、5%、1% 水平上显著。

（二）债务期限结构与真实盈余管理

根据 Roychowdhury（2006）、Cohen 等（2008）的模型，本文构造反映企业真实盈余管理程度的指标 RM1 和 RM2，并通过模型（1）检验短期负债占比对两项指标的影响，结果如表 7 所示。第（1）列显示，变量 Shdebt 的系数为 0.016（1% 水平下显著），表明当短期负债占比增加一个标准差（0.355）时，变量 RM1 将增加 0.006，相当于其均值的 40.5%。与前文一致，本文还将解释变量和控制变量都滞后一期，降低反向因果关系引起的内生性对研究结论产生负面影响。同时，通过固定效应模型，减轻不可观察因素对结论的作用。实证结果如第（2）（3）列所示，基本保持不变。按照同样做法，本文还以真实盈余管理指标 RM2 为被解释变量重新检验，结果如第（4）（5）（6）列所示，同样发现变量 Shdebt 的系数显著为正。综合可见，债务期限的缩短在统计意义和经济意义上都将增加企业通过调高营业收入、增加生产成本、削减操控性费用等方式的盈余管理活动。

表 7　　　　　　　　　　债务期限结构对真实盈余管理的影响

	RM1			RM2		
	(1)	(2)	(3)	(4)	(5)	(6)
	当期	滞后一期	固定效应	当期	滞后一期	固定效应
Shdebt	0.016***	0.019***	0.002	0.025***	0.022***	0.015***
	(2.66)	(3.22)	(0.55)	(6.73)	(5.52)	(4.52)
Debt	0.120***	0.115***	0.047***	0.087***	0.060***	0.064***
	(10.40)	(9.96)	(3.94)	(11.68)	(7.67)	(7.31)
Size	0.011***	0.012***	0.021***	0.000	0.006***	0.000
	(4.80)	(5.11)	(5.39)	(0.12)	(3.75)	(0.05)

续表

	RM1			RM2		
	(1) 当期	(2) 滞后一期	(3) 固定效应	(4) 当期	(5) 滞后一期	(6) 固定效应
ROA	-0.751***	-0.534***	-0.466***	-0.467***	-0.340***	-0.235***
	(-17.88)	(-13.01)	(-13.59)	(-18.10)	(-12.90)	(-9.83)
Growth	-0.014***	0.015***	-0.027***	-0.021***	0.013***	-0.030***
	(-4.43)	(6.65)	(-9.28)	(-9.36)	(7.32)	(-13.63)
Inst	-0.056***	-0.070***	-0.022***	-0.037***	-0.047***	-0.014***
	(-5.54)	(-7.10)	(-2.88)	(-6.09)	(-7.31)	(-2.74)
Fshare	0.057***	0.048***	0.047*	0.028***	0.020**	0.007
	(3.59)	(3.09)	(1.91)	(2.79)	(1.97)	(0.43)
Opinion	-0.008	-0.008	0.002	-0.001	-0.001	-0.002
	(-0.88)	(-0.85)	(0.32)	(-0.20)	(-0.09)	(-0.28)
Ifnew	-0.004	0.002	-0.007**	0.009***	-0.001	0.004**
	(-0.92)	(0.46)	(-2.21)	(3.10)	(-0.19)	(2.07)
Ifmat	-0.011**	-0.013***	-0.003	-0.015***	-0.008**	-0.011***
	(-2.20)	(-2.58)	(-0.96)	(-4.78)	(-2.10)	(-4.75)
SOE	0.006	0.012**	0.008	-0.001	0.003	-0.004
	(1.08)	(2.23)	(0.89)	(-0.26)	(0.93)	(-0.65)
Avloss	0.029***	0.025***	0.021***	0.015***	0.013***	0.010***
	(6.99)	(5.54)	(5.92)	(4.89)	(3.68)	(3.63)
_cons	-0.279***	-0.306***	-0.458***	-0.037	-0.159***	-0.008
	(-5.84)	(-6.37)	(-5.50)	(-1.16)	(-4.58)	(-0.13)
行业	控制	控制	未控制	控制	控制	未控制
年度	控制	控制	控制	控制	控制	控制
N	17951	17165	17951	19082	17202	19082
adj. R-sq	0.161	0.113	0.104	0.151	0.079	0.096

注：本表是根据模型（1）回归得到的结果，括号内的数字为经 White（1980）异方差修正且考虑方差序列相关性后的 t 统计量；*、**、*** 分别表示在 10%、5%、1% 水平上显著。

（三）债务期限结构与盈余管理：区分直接和间接负债的结果

在此，本文进一步将债务期限结构分解为：短期借款占比（Shbk）和短期债券占比（Shbd），分别反映间接债务融资和直接债务融资。利用模型（2），检验两类负债对盈余的作用，结果如表 8 所示。

在以正向可操控性应计利润（DA⁺）为被解释变量时，第（1）列显示，变量 Shbk 的系数为 0.012（1% 水平下显著），变量 Shbd 的系数为 -0.001（不显著），Wald Test 显示二者差异在 10% 下显著，表明短期借款占比较短期债券占比会更明显地提高企业进行正向应计盈余的操控。本文将解释变量滞后一期或者用固定效应模型,结论基本不变,如第(2)(3)列所示。

当将被解释变量换成收入型真实盈余管理指标 RM1 时,变量 Shbk 的系数为 0.018 (1% 水平下显著),变量 Shbd 的系数为 -0.033(10% 水平下显著),Wald Test 显示二者差异在 1% 下显著,表明短期借款占比明显增加,企业调高营业收入、削减可操控性费用的幅度,但短期债券占比将明显减少企业的这类盈余管理活动。该结论在滞后一期变量模型中依然存在,但固定效应模型中变量 Shbk 和变量 Shbd 的系数不再显著。

当将被解释变量为成本型真实盈余管理指标 RM2 时,变量 Shbk 在三个模型中的系数都显著为正,但此时变量 Shbd 的系数并未显示对真实盈余管理指标 RM2 有明显作用。综上可见,负债中短期借款的比重越高,企业进行应计盈余管理和真实盈余管理的程度将明显增加,但是短期债券比重越高,能够显著减少企业通过提高营业收入、削减可操控性费用的盈余管理活动。

表8 债务期限结构对盈余管理的影响:直接与间接融资对比

	DA^+			RM1			RM2		
	(1) 当期	(2) 滞后一期	(3) 固定效应	(4) 当期	(5) 滞后一期	(6) 固定效应	(7) 当期	(8) 滞后一期	(9) 固定效应
Shbk	0.012***	0.008***	0.013***	0.018***	0.021***	0.002	0.027***	0.023***	0.015***
	(4.63)	(3.20)	(4.02)	(2.96)	(3.54)	(0.52)	(7.04)	(5.76)	(4.65)
Shbd	-0.001	-0.003	-0.004	-0.033*	-0.037*	0.004	-0.013	-0.011	0.000
	(-0.10)	(-0.39)	(-0.47)	(-1.76)	(-1.86)	(0.38)	(-1.07)	(-0.86)	(0.02)
Debt	0.058***	0.019***	0.057***	0.119***	0.114***	0.047***	0.087***	0.059***	0.064***
	(10.43)	(3.43)	(6.43)	(10.36)	(9.88)	(3.93)	(11.63)	(7.61)	(7.35)
Size	-0.005***	-0.009***	0.004	0.011***	0.012***	0.021***	0.000	0.006***	0.000
	(-5.55)	(-9.46)	(1.49)	(4.76)	(5.07)	(5.40)	(0.08)	(3.72)	(0.02)
ROA	0.368***	0.122***	0.529***	-0.748***	-0.532***	-0.466***	-0.465***	-0.339***	-0.234***
	(15.55)	(6.30)	(17.05)	(-17.78)	(-12.93)	(-13.60)	(-17.97)	(-12.82)	(-9.81)
Growth	0.021***	0.008***	0.013***	-0.014***	0.015***	-0.027***	-0.021***	0.013***	-0.030***
	(9.41)	(5.32)	(5.90)	(-4.48)	(6.57)	(-9.27)	(-9.41)	(7.27)	(-13.64)
Inst	-0.015***	0.003	-0.005	-0.055***	-0.069***	-0.022***	-0.037***	-0.047***	-0.014***
	(-3.76)	(0.68)	(-0.93)	(-5.50)	(-7.06)	(-2.88)	(-6.03)	(-7.27)	(-2.75)
Fshare	0.012**	0.009	0.044***	0.056***	0.048***	0.047*	0.028***	0.020*	0.008
	(1.99)	(1.41)	(2.61)	(3.56)	(3.05)	(1.91)	(2.74)	(1.93)	(0.45)
Opinion	0.013**	0.035***	0.005	-0.008	-0.008	0.002	-0.001	-0.000	-0.002
	(2.15)	(4.58)	(0.78)	(-0.86)	(-0.84)	(0.32)	(-0.17)	(-0.08)	(-0.28)
Ifnew	0.000	-0.002	-0.004	0.003	0.009**	-0.007**	0.014***	0.004	0.006***
	(0.00)	(-0.76)	(-1.34)	(0.73)	(2.41)	(-2.10)	(4.88)	(1.33)	(2.60)
Ifmat	-0.015***	0.002	-0.012***	-0.003	-0.003	-0.003	-0.009***	-0.002	-0.009***
	(-6.36)	(0.73)	(-4.59)	(-0.63)	(-0.72)	(-0.99)	(-3.09)	(-0.55)	(-3.89)
SOE	-0.006***	-0.006***	-0.009	0.006	0.012**	0.008	-0.001	0.003	-0.003
	(-3.34)	(-3.02)	(-1.62)	(1.11)	(2.26)	(0.88)	(-0.22)	(0.96)	(-0.63)

续表

	DA+			RM1			RM2		
	(1)	(2)	(3)	(4)	(5)	(6)	(7)	(8)	(9)
	当期	滞后一期	固定效应	当期	滞后一期	固定效应	当期	滞后一期	固定效应
Avloss	0.005*	0.004	0.003	0.029***	0.025***	0.021***	0.015***	0.013***	0.010***
	(1.73)	(0.84)	(0.99)	(6.98)	(5.51)	(5.92)	(4.88)	(3.66)	(3.63)
_cons	0.140***	0.244***	-0.079	-0.278***	-0.304***	-0.458***	-0.036	-0.158***	-0.006
	(7.16)	(11.80)	(-1.37)	(-5.81)	(-6.34)	(-5.50)	(-1.13)	(-4.55)	(-0.10)
行业	控制	控制	未控制	控制	控制	未控制	控制	控制	未控制
年度	控制	控制	控制	控制	控制	控制	控制	控制	控制
N	10493	9228	10493	17951	17165	17951	19082	17202	19082
adj. R-sq	0.170	0.103	0.133	0.162	0.114	0.104	0.151	0.080	0.096

注：本表是根据模型（2）回归得到的结果，括号内的数字为经 White（1980）异方差修正且考虑方差序列相关性后的 t 统计量；*、**、*** 分别表示在 10%、5%、1% 水平上显著。

六、稳健性检验

（一）样本的重新选择

统计显示，原回归样本中存在 2219 个短期负债占比等于 0 的样本，为了避免大量解释变量为 0 对研究结论的影响，本文还以短期负债占比大于 0 的样本重新用模型（1）进行回归，结果如表 9 所示。结果依然显示：短期负债占比与正向可操控性应计利润（DA+）、成本型真实盈余管理指标（RM2）存在显著的正向关系，且该结论在解释变量滞后一期及固定效应模型中都存在；但此时，在以收入型真实盈余管理指标（RM1）为被解释变量时，变量 Shdebt 的系数尽管大于 0，但不显著，即未发现短期负债占比对企业调高营业收入、削减操控性费用有明显作用，这与前文不一致。

（二）债务期限结构对盈余管理的影响：基于匹配样本的结果

在前文部分，本文发现短期负债中直接融资—短期债券与间接融资—短期借款对企业盈余管理的影响存在明显差异。进一步地，本文统计显示只有 2470 家上市公司期末存在短期债券，占比较低，相反，期末短期借款大于 0 且无短期债券的公司有 17243 家。为了进一步减轻样本异质性对研究结论的影响，本文进行匹配筛选：以期末未到期短期债券大于 0 的公司为处理组，以期末短期债券为 0 且期末短期借款余额大于 0 的公司为控制组，按照短期负债占比相同，进行 1:1 不放回的最近邻匹配，以获得期限结构相同，但一组公司的负债为短期债券，一组公司的负债为短期借款的样本。最终，本文获得 2470 组匹配样本。设置变量 Treat，当公司在处理组时，取值为 1，当公司在控制组时，取值为 0。为了减少其他因素的影响，本文还控制了其他相关变量，结果如表 10 所示。除了在第（6）列变量 Treat 的系数为负但不显著外,其他列皆显示该变量的系数都显著为负,即与短期借款相比,短期债券与应计盈余管理和真实盈余管理都明显负相关,表明即使债务期限结构相同,短期借款与短期债券在对公司盈余管理行为的作用上也存在显著差异。

表9 债务期限结构对盈余管理的影响:剔除短期负债为0的样本

	DA $^+$			RM1			RM2		
	(1) 当期	(2) 滞后一期	(3) 固定效应	(4) 当期	(5) 滞后一期	(6) 固定效应	(7) 当期	(8) 滞后一期	(9) 固定效应
Shdebt	0.019***	0.011***	0.020***	0.010	0.011	0.004	0.027***	0.016***	0.019***
	(6.39)	(3.68)	(5.18)	(1.41)	(1.60)	(0.68)	(5.71)	(3.21)	(4.32)
Debt	0.060***	0.022***	0.052***	0.117***	0.110***	0.048***	0.090***	0.059***	0.063***
	(10.38)	(3.84)	(6.03)	(9.50)	(9.00)	(3.81)	(11.37)	(7.19)	(6.96)
Size	−0.004***	−0.008***	0.004	0.013***	0.013***	0.026***	0.002	0.007***	0.005
	(−4.32)	(−8.96)	(1.30)	(5.42)	(5.64)	(6.15)	(1.43)	(3.95)	(1.56)
ROA	0.361***	0.126***	0.502***	−0.707***	−0.479***	−0.466***	−0.429***	−0.300***	−0.235***
	(14.04)	(6.07)	(14.78)	(−16.93)	(−11.79)	(−13.23)	(−16.25)	(−11.30)	(−9.53)
Growth	0.022***	0.009***	0.015***	−0.013***	0.014***	−0.026***	−0.023***	0.013***	−0.032***
	(9.50)	(5.55)	(5.77)	(−4.02)	(6.15)	(−8.45)	(−9.37)	(7.71)	(−13.69)
Inst	−0.015***	0.002	−0.002	−0.054***	−0.067***	−0.019**	−0.036***	−0.043***	−0.009*
	(−3.52)	(0.49)	(−0.28)	(−5.39)	(−6.94)	(−2.47)	(−5.71)	(−6.57)	(−1.71)
Fshare	0.013**	0.011*	0.043**	0.059***	0.049***	0.042*	0.029***	0.022**	0.003
	(1.97)	(1.70)	(2.41)	(3.71)	(3.15)	(1.65)	(2.83)	(2.09)	(0.16)
Opinion	0.010*	0.033***	0.004	−0.012	−0.007	−0.002	−0.006	−0.004	−0.003
	(1.74)	(4.76)	(0.61)	(−1.33)	(−0.77)	(−0.25)	(−0.98)	(−0.61)	(−0.46)
Ifnew	−0.002	−0.004**	−0.005**	−0.006	−0.001	−0.007**	0.007**	−0.003	0.004**
	(−0.87)	(−1.97)	(−1.99)	(−1.47)	(−0.35)	(−2.46)	(2.40)	(−1.02)	(2.04)
Ifmat	−0.018***	−0.001	−0.015***	−0.011**	−0.013**	−0.004	−0.017***	−0.007**	−0.013***
	(−7.90)	(−0.21)	(−5.82)	(−2.34)	(−2.51)	(−1.44)	(−5.30)	(−2.08)	(−5.23)
SOE	−0.006***	−0.005***	−0.009*	0.005	0.011*	0.004	−0.002	0.003	−0.004
	(−3.30)	(−2.65)	(−1.79)	(0.90)	(1.94)	(0.42)	(−0.61)	(0.71)	(−0.71)
Avloss	0.004	0.002	0.002	0.029***	0.026***	0.021***	0.014***	0.013***	0.008***
	(1.60)	(0.54)	(0.60)	(6.73)	(5.72)	(6.11)	(4.47)	(3.67)	(2.95)
_cons	0.107***	0.222***	−0.078	−0.314***	−0.333***	−0.565***	−0.080**	−0.166***	−0.101
	(5.45)	(10.93)	(−1.24)	(−6.19)	(−6.51)	(−6.20)	(−2.32)	(−4.49)	(−1.62)
行业	控制	控制	未控制	控制	控制	未控制	控制	控制	未控制
年度	控制	控制	控制	控制	控制	控制	控制	控制	控制
N	9509	8333	9509	16220	15535	16220	17220	15566	17220
adj. R−sq	0.170	0.104	0.124	0.150	0.103	0.104	0.134	0.066	0.097

注:本表是根据模型(1),并将短期负债为0的样本剔除后,回归得到的结果,括号内的数字为经White(1980)异方差修正且考虑方差序列相关性后的t统计量;*、**、*** 分别表示在10%、5%、1%水平上显著。

表 10　　　　　　　　　债务期限结构与盈余管理：基于匹配样本的结果

	DA$^+$			RM1			RM2		
	(1) 当期	(2) 滞后一期	(3) 固定效应	(4) 当期	(5) 滞后一期	(6) 固定效应	(7) 当期	(8) 滞后一期	(9) 固定效应
Treat	-0.016***	-0.010***	-0.016***	-0.011*	-0.012*	-0.007	-0.013***	-0.009*	-0.010**
	(-4.41)	(-2.69)	(-3.35)	(-1.79)	(-1.87)	(-1.30)	(-2.94)	(-1.96)	(-2.34)
Shdebt	0.032***	0.014**	0.023**	0.008	-0.002	0.007	0.033***	0.014	0.038***
	(5.38)	(2.14)	(2.13)	(0.61)	(-0.18)	(0.62)	(3.84)	(1.45)	(4.04)
Debt	0.054***	0.018*	0.032*	0.116***	0.104***	0.010	0.094***	0.058***	0.051***
	(5.49)	(1.79)	(1.73)	(6.47)	(5.77)	(0.39)	(7.24)	(4.41)	(2.97)
Size	-0.002	-0.006***	0.004	0.011***	0.010***	0.016	0.002	0.004*	0.002
	(-1.40)	(-3.96)	(0.45)	(3.36)	(3.03)	(1.60)	(0.74)	(1.78)	(0.29)
ROA	0.412***	0.136***	0.584***	-0.650***	-0.414***	-0.487***	-0.368***	-0.245***	-0.216***
	(8.63)	(3.41)	(7.89)	(-9.55)	(-6.42)	(-7.01)	(-7.93)	(-4.89)	(-4.53)
Growth	0.019***	0.011***	0.003	-0.003	0.026***	-0.019**	-0.024***	0.017***	-0.033***
	(3.93)	(2.86)	(0.44)	(-0.51)	(6.22)	(-2.53)	(-4.66)	(4.89)	(-5.26)
Inst	-0.019***	-0.005	0.011	-0.059***	-0.073***	-0.023*	-0.044***	-0.052***	-0.018
	(-2.60)	(-0.65)	(0.81)	(-3.74)	(-4.71)	(-1.73)	(-4.16)	(-4.83)	(-1.64)
Fshare	0.014	0.007	0.047	0.036	0.040	-0.016	0.025	0.015	-0.010
	(1.34)	(0.77)	(1.54)	(1.42)	(1.52)	(-0.33)	(1.44)	(0.86)	(-0.28)
Opinion	0.008	0.023	-0.010	0.000	0.005	-0.004	0.003	-0.013	0.001
	(0.98)	(1.64)	(-0.45)	(0.02)	(0.37)	(-0.30)	(0.28)	(-1.39)	(0.10)
Ifnew	0.005*	0.001	0.000	0.004	0.005	-0.003	0.014***	0.003	0.006*
	(1.71)	(0.27)	(0.10)	(0.85)	(1.06)	(-0.86)	(3.84)	(0.82)	(1.85)
Ifmat	-0.011***	0.005*	-0.012***	-0.007	-0.003	-0.004	-0.010***	0.002	-0.011***
	(-4.13)	(1.82)	(-3.68)	(-1.46)	(-0.67)	(-1.25)	(-3.03)	(0.49)	(-3.63)
SOE	-0.002	0.000	-0.004	0.009	0.015*	-0.029*	0.004	0.009*	-0.012
	(-0.67)	(0.10)	(-0.32)	(1.25)	(1.94)	(-1.89)	(0.71)	(1.70)	(-1.52)
Avloss	0.008	-0.002	0.004	0.024***	0.027***	0.015**	0.012**	0.013**	0.005
	(1.39)	(-0.37)	(0.54)	(2.82)	(3.46)	(2.49)	(2.22)	(2.12)	(0.90)
_cons	0.056*	0.154***	-0.083	-0.248***	-0.222***	-0.299	-0.073	-0.102**	-0.051
	(1.81)	(4.47)	(-0.46)	(-3.56)	(-3.19)	(-1.35)	(-1.57)	(-2.06)	(-0.35)
行业	控制	控制	未控制	控制	控制	未控制	控制	控制	未控制
年度	控制	控制	控制	控制	控制	控制	控制	控制	控制
N	2389	2048	2389	4293	3942	4293	4434	3954	4434
adj. R-sq	0.170	0.132	0.147	0.142	0.119	0.090	0.138	0.077	0.105

注：本表是根据模型(1)，利用匹配得到的样本进行回归的结果；括号内的数字为经 White (1980) 异方差修正且考虑方差序列相关性后的 t 统计量；*、**、*** 分别表示在 10%、5%、1% 水平上显著。

(三) 债务期限结构与盈余管理：企业性质的调节效应

在前面假设部分，本文预期中国上市公司的债务期限结构可能外生于中国特定资本市场制度，而债务期限越短，企业偿债压力越大，从而不得不通过盈余管理来隐瞒财务风险信息。在此，本文进一步检验国有企业与非国有企业债务期限对盈余管理影响上的差异。

一方面，在国有银行与国有企业拥有相同的实际控制人——政府时，国有银行不必对国有企业的贷款失败而承担责任，降低了银行对企业追债的动机。同时，国有企业预期在他们出现财务困境时，政府会对其施以援手，即出现预算软约束，这样又会降低国企通过盈余管理隐瞒财务风险的必要性。因此，债务期限的紧缩对国有企业盈余管理水平的影响较小。但另一方面，短期负债到期需要企业真实的现金流出，而已有研究发现国有企业经营效率明显低于非国有企业（姚洋，1998；李寿喜，2007），创造现金的能力较弱，因此，在应对相同的现金流支付时，国有企业可能需要进行更多的盈余管理水平。因此，债务期限结构对企业盈余管理的作用，可能会因其性质不同而产生差异。为此，本文进一步以正向可操控性应计利润（DA^+）、收入型真实盈余管理指标为被解释变量（RM1），通过 OLS 回归，结果见表 11。当以 DA^+ 为被解释变量时，变量 Shdebt 的系数在非国有企业和国有企业组分别为 0.007 和 0.016，分别在 5% 和 1% 水平下显著，且 Wald 检验显示二者差异在 3% 水平下显著，表明债务期限越短，盈余管理程度越高的现象在非国有企业中更加明显。第（3）列显示，交互项 Debt × SOE 的系数为 0.009（5% 水平下显著），表明国有性质显著提高了短期负债对企业盈余管理的促进作用，与分组统计的结果一致。当以收入型真实盈余管理指标（RM1）作为被解释变量时，实证结果如第（4）~（6）列所示，变量 Shdebt 的系数只在国有企业中显著为正的 0.019，本文并未发现短期负债占比对非国有企业的真实盈余管理水平有明显作用，二者差异不显著；交互项 SOE × Shdebt 的系数尽管为正，但未通过显著性检验，表明债务期限对真实盈余管理水平的影响并未因企业性质而存在明显差异。另外，本文还分别以可操控性应计利润的绝对值、成本型真实盈余管理指标为被解释变量，重新验证了企业性质对债务期限结构和盈余管理关系的调节效应，结果基本保持不变。

表 11　　　　　　　　企业性质对债务期限结构与盈余管理的调节效应

	DA^+			RM1		
	(1)	(2)	(3)	(4)	(5)	(6)
	非国有企业	国有企业	交互项	非国有企业	国有企业	交互项
Debt	0.072***	0.046***	0.058***	0.151***	0.098***	0.120***
	(7.79)	(6.72)	(10.50)	(8.87)	(6.41)	(10.40)
Shdebt	0.007**	0.016***	0.007**	0.011	0.019**	0.011
	(1.99)	(4.69)	(2.25)	(1.35)	(2.32)	(1.36)
SOE			−0.012***			−0.000
			(−3.43)			(−0.03)

续表

	DA$^+$			RM1		
	(1)	(2)	(3)	(4)	(5)	(6)
	非国有企业	国有企业	交互项	非国有企业	国有企业	交互项
SOE × Shdebt			0.009**			0.010
			(2.00)			(0.90)
Size	−0.005***	−0.005***	−0.005***	0.013***	0.011***	0.011***
	(−3.06)	(−4.94)	(−5.45)	(3.29)	(3.82)	(4.83)
ROA	0.386***	0.348***	0.368***	−0.834***	−0.650***	−0.751***
	(11.60)	(10.45)	(15.57)	(−13.90)	(−11.61)	(−17.85)
Growth	0.024***	0.016***	0.021***	−0.012***	−0.017***	−0.014***
	(8.26)	(5.19)	(9.44)	(−2.74)	(−3.71)	(−4.45)
Inst	−0.021***	−0.011*	−0.015***	−0.049***	−0.072***	−0.056***
	(−4.07)	(−1.83)	(−3.85)	(−3.43)	(−5.39)	(−5.55)
Fshare	0.013	0.012	0.012**	0.064***	0.055**	0.057***
	(1.51)	(1.42)	(2.07)	(2.85)	(2.55)	(3.60)
Opinion	0.010	0.016	0.013**	0.001	−0.018	−0.008
	(1.35)	(1.61)	(2.15)	(0.08)	(−1.49)	(−0.89)
Ifnew	−0.003	−0.001	−0.002	−0.010	−0.000	−0.004
	(−0.85)	(−0.30)	(−0.77)	(−1.47)	(−0.04)	(−0.97)
Ifmat	−0.020***	−0.014***	−0.017***	−0.009	−0.012**	−0.011**
	(−5.30)	(−5.44)	(−7.53)	(−1.10)	(−2.23)	(−2.22)
Avloss	0.008	0.003	0.005*	0.031***	0.027***	0.029***
	(1.40)	(0.96)	(1.72)	(4.85)	(5.05)	(6.98)
_cons	0.144***	0.134***	0.140***	−0.320***	−0.263***	−0.279***
	(4.00)	(5.98)	(7.19)	(−3.90)	(−4.41)	(−5.84)
行业	控制	控制	控制	控制	控制	控制
年度	控制	控制	控制	控制	控制	控制
N	5562	4931	10493	8897	9054	17951
adj. R-sq	0.168	0.169	0.170	0.172	0.161	0.161

注：本表是根据模型（1）进行 OLS 回归的结果；括号内的数字为经 White（1980）异方差修正且考虑公司聚类效应后的 t 统计量；*、**、*** 分别表示在 10%、5%、1% 水平上显著。

七、研究结论

本文主要探讨债务期限结构对企业两类盈余管理的影响。实证结果表明：在其他条件相同的情况下，短期负债在总负债中所占的比重越高，企业向上操纵应计盈余、调高营业收入、增加生产成本、削减可操控性费用将更为明显,该结论在解释变量是当期或滞后一期的普通 OLS 回归,以及公司固定效应模型时都成立。进一步地,本文还区分短期负债的类别,结果显示在债务期限结构相同的情况下,短期债券能显著减少企业进行盈余管理活动。

债务的期限结构包含丰富的信息,如期限越短,债权人与债务人沟通交流的更加频繁,且债务契约的订立也更加灵活,债权人承担的信贷风险也较低,但债务人必须面临较高的流动性风险。此时,更短的债务期限结构究竟是体现债权人更强的监督,减少企业的盈余管理行为,还是带来债务人应对偿债压力,增加其盈余管理活动。本文的研究结论支持了后者。盈余管理越严重,企业向外部投资者披露的信息偏离于其真实情况越远,甚至还会造成公司自身内部决策的扭曲(McNichols 和 Stubben,2008)。不真实的信息势必带来资源分配效率的降低,不利于资本市场的发展,内部决策的失败更是直接带来企业价值的减损。然而,在目前的制度背景下,银行并没有通过更短的借款期限来加强对贷款人的监督。相反,为了降低自身的信贷风险,银行一味地缩短贷款期限,增加了企业的偿债压力,使得企业不得不通过操纵盈余来吸引资金。本文的实证结果还显示,在债务结构相同的情况下,增加直接融资占比将明显改善上述情况,这也为中国政府大力发展债券市场提供了经验证据的支撑。本文研究的局限性主要体现在:尽管本文通过对比不同性质企业下债务期限结构对盈余管理的作用,如此截面分析有助于得到二者的因果关系,但总体而言本文仍然对债务期限结构与盈余管理相关关系的检验,并非因果关系的证据。另外,由于数据限制,本文只能简单地区分银行借款的期限,并不能准确计算期末每笔借款的期限,这也会损失较多信息。

主要参考文献

[1] Cohen D A, Zarowin P. Accrual – based and Real Earnings Management Activities Around Seasoned Equity Offerings [J]. Journal of Accounting & Economics, 2010, 50 (1): 2 – 19.

[2] Jones J J. Earnings Management During Import Relief Investigations [J]. Journal of Accounting Research, 1991, 29 (2): 193 – 228.

[3] McNichols M F, Stubben S R. Does Earnings Management Affect Firms' Investment Decisions? [J]. Accounting Review, 2008, 83 (6): 1571 – 1603.

[4] Mitchell K. The Debt Maturity Choice: an Empirical Investigation [J]. Journal of Financial Research, 1993, 16 (4): 309 – 320.

[5] Morris J R. On Corporate Debt Maturity Strategies [J]. The Journal of Finance, 1976, 31 (1): 9.

[6] Myers S C. Determinants of Corporate Borrowing [J]. Journal of Financial Economics, 2006, 5 (2): 147 – 175.

[7] Myers S C, Rajan R G. The Paradox of Liquidity [J]. Quarterly Journal of Economics, 1998, 113 (3): 733 – 771.

[8] Stulz R. Managerial Discretion and Optimal Financing Policies [J]. Journal of Financial Economics, 1990, 26 (1): 3 – 27.

[9] 孙铮,刘凤委,李增泉.市场化程度、政府干预与企业债务期限结构——来自我国上市公司的经验证据 [J].经济研究,2005 (5):52-63.

[10] 谭劲松,陈艳艳,谭燕.地方上市公司数量、经济影响力与企业长期借款——来自我国A股市场的经验数据 [J].中国会计评论,2010 (1):31-52.

重大会计职业判断文献述评及研究展望

刘安琪　王　媛[①]

摘　要　重大会计职业判断的提出是将重要性概念引入会计职业判断研究的结果。尽管重要性概念已经广泛运用于财务报告编制原则、审计原则等会计领域中，但现有研究尚未将其应用于会计职业判断的分类中。事实上，金额巨大、性质恶劣的会计舞弊案件在原则导向会计准则实施后仍屡禁不止，其中大部分案件可以归因于财务报告过程中的重大会计职业判断失真。原则导向会计准则的广泛运用，势必会使会计处理过程更多地依赖于会计职业判断，因此有必要对其中发挥核心作用的重大会计职业判断进行单独研究。本文对国内关注重大会计职业判断问题的学术文献从本质及分类、特殊性、异质性、依据与披露以及决策等方面进行梳理，以期为未来重大会计职业判断问题的研究抛砖引玉。

关键词　重大会计职业判断；会计职业判断；原则导向会计准则

一、引言

2006 年我国财政部颁布了与国际财务报告准则取得实质性趋同的《企业会计准则》，之后于 2011 年又颁布了专门适用小企业的《小企业会计准则》，这标志着我国的营利性组织会计核算规范统一迈进了一维的会计准则时代。而现行国际财务报告准则的突出特点就在于它是一部原则导向的会计准则，原则导向的新会计准则相对于我国原来的具有典型规则导向的会计制度来说，它赋予了企业更大的会计职业判断空间。随着原则导向会计准则在我国企业的全面实施，财政部在 2008~2010 年，连续三年对会计准则在我国上市公司中的施行情况进行了调研，调研结果显示原则导向的会计准则在我国上市公司中得到了持续平稳有效实施。

但实际上，在平稳有效实施的结论下，依然难掩原则导向会计准则给我国企业会计核算带来的新问题。在原则导向的会计准则实践中依然存在着大量为了操纵利润而进行

[①]　作者简介：刘安琪，中国海洋大学管理学院会计系博士研究生。王媛，青岛酒店管理职业技术学院教师。

恶意判断的情况（于长春，2009），财务舞弊案件屡禁不止，如2012年的"万福生科"案、2017年的"乐视网"案、2018年初的"獐子岛"案等。据不完全统计，仅在2013～2017年的5年间，中国证监会就发布了523件行政处罚决定书，其中针对会计信息失真的上市公司发布的行政处罚决定书就高达98件，接近总数的20%。特别需要提及的是在这些会计信息失真的案件中总能看到重大会计职业判断偏误的影子。

本文借鉴会计理论中的重要性思想，将实践中那些对会计信息的金额和性质影响较大的职业判断从会计职业判断命题中析出，把会计职业判断区分为重大职业判断与一般职业判断，并针对重大会计职业判断相关问题的研究进行回顾综述。

值得说明的是，虽然以往一些国内学者在进行会计职业判断研究的过程中，已经意识到了会计职业判断存在重要性差异（孙丹，2004），并指出在明确判断任务的过程当中，应当将会计职业判断的内容按重要性分出不同层次（王清刚，2012）；但是针对重大会计职业判断的研究成果及思想却相对偏少而且比较分散。有鉴于此，本文在综述重大会计职业判断的文献时，会包含一些以会计职业判断和审计判断为主题的文献。这种做法的合理性在于，重大会计职业判断是从一般会计职业判断中析出的，部分会计职业判断的研究成果虽未直言但依然包含有重大会计职业判断之意；同理，审计职业判断因为是对会计职业判断问题的再判断，所以，相关研究成果也可以解释重大会计职业判断的问题。

本文的写作思路如图1所示。

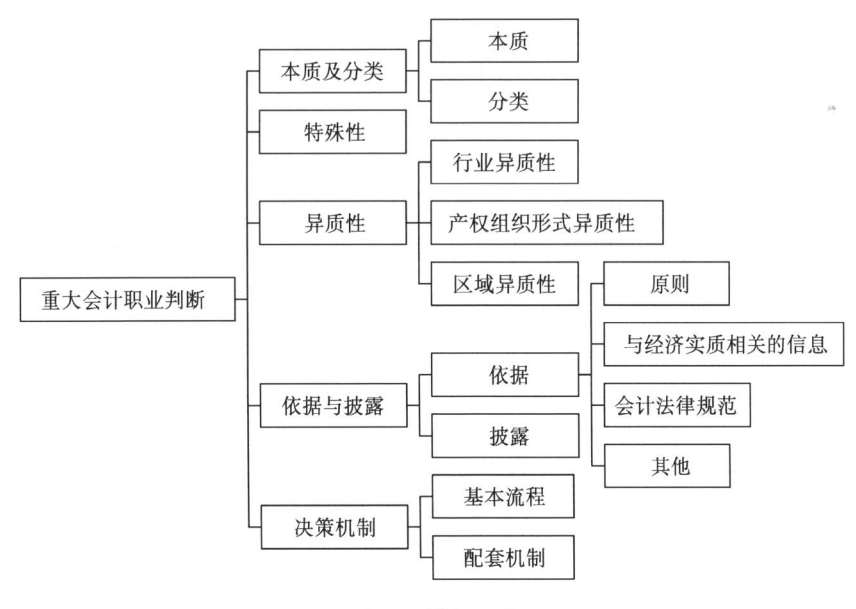

图1 研究思路

二、重大会计职业判断的本质及分类

（一）重大会计职业判断的本质

已有研究成果尚未给出重大会计职业判断的权威定义，相关学者基本着眼于会计职业判断这一整体性概念进行综合研究（杨家亲、许燕，2003；王跃堂、赵子夜，2003；夏博辉，2003；张世兴，2004；孙丹，2004；王丽杰，2009；王清刚，2012；陈毓圭，2014），本文将重大会计职业判断简单理解为"重要性较高的会计职业判断"，并分别对有关重要性的本质、会计职业判断、重大性与重要性比较的文献进行梳理，试图间接呈现出重大会计职业判断本质问题的研究现状。

重要性是广泛应用于会计和审计领域的重要思想之一，本质上是一个模糊、主观、相对的表达程度的思维内容，是由信息使用者决策的性质及其周遭环境塑造的，应用于会计、审计等不同领域会派生出不同的具体概念（叶清辉，2003）。会计中重要性的本质是财务报告信息使用者对某项会计信息的主观判断（叶清辉，2003；尹瑞，2011）。

会计职业判断的定义存在很多个版本（杨家亲、许燕，2003；张世兴，2006；王清刚，2012；孟凡斌，2016等），在判断主体、判断依据、判断目的、判断方式等的表述上略有不同，对会计职业判断的本质是针对会计不确定事项的专业判断的认识基本一致。有的在早期研究中将会计职业判断限定在会计政策选择中（杨荣辉，2001；夏博辉，2003）。有的学者区分了宏观的会计职业判断（国家和地区层面）与微观的会计职业判断（企业层面）（于长春，2004；张世兴，2006）。

关于重要性与重大性的术语使用。绝大多数学者使用"重要性"表达相应的会计思想和会计信息质量特征，但在形容会计事项（或经济事项）时却使用"重大"（谢盛纹，2007；李丹，2007；张蕊，2011；毛敏，2009）。有的学者认为重要性与重大性的内涵是相通的，在会计和审计领域多使用重要性，而在法学界主要采用重大性的提法（李明辉，2003）。有的学者认为重大比重要的程度更深、限定的范围更窄，类似于英文中 Significant 和 Material 之间的关系（叶清辉，2003）。

（二）重大会计职业判断的分类

一些学者在研究会计职业判断分类的过程中，虽未直言重大会计职业判断，但其意却包含着适用于重大会计职业判断的分类方式。如重大会计职业判断可分为会计原则的选择与协调、会计处理方法的选择、会计估计以及重要性原则的运用（杨荣辉，2001；徐玉德，2004；汤滨，2007；宋丹阳，2010；刘粤丽，2011）；或分为会计原则的选择与协调、会计政策的选择、会计估计的判断选用（于长春，2009）；或分为基本假设的会计职业判断、基本原则的会计职业判断、会计要素确认的职业判断、会计计量的职业判断、会计报告的职业判断（孙丹，2004）；或分为确认、计量、记录和报告（杨家亲、许燕，2003；吴晓燕，2007；王琴，2011）。

王清刚（2012）在将会计职业判断的客体分为会计政策的选择、运用及其变更，会计估计的选择、运用及其变更，具体交易和事项的会计确认、计量和披露，以及其他情况的分析和判断的基础上，对前两项分类的具体内容进行了列示。其中，重大会计政策包括：收入确认与计量、存货计价、投资分类与计量、投资性房地产的后续计量、固定资产初始计量、生物资产计价、无形资产确认、非货币资产交换中的确认与计量、合同收入与费用的确认与计量、借款费用的处理、合并政策等；重大会计估计包括：公允价值和现值的确定方法、存货可变现净值的确定、固定资产净残值及预计使用寿命、固定资产折旧方法、生物资产净残值及预计使用寿命、生物资产折旧方法、无形资产净残值及预计使用寿命、无形资产摊销方法、资产减值、合同完工进度、预计负债、未确认融资费用及未实现融资收益的摊销等。

除了上述分类，还有少量学者通过案例研究或文献研究的方式将会计准则应用过程中出现的某些重大会计职业判断问题单独提出来。如在案例研究过程中，从会计与审计职业判断的角度列举出了应当重点关注的问题：包括资产减值损失、公允价值计量、重要会计估计变化、持续经营假设的恰当性、特殊交易的会计政策选择、不具有商业实质的交易、债务重组、资产处置及置换等（于长春、孙海凤，2009）。刘泉军则是通过分析会计准则，总结出某一经济事项可能涉及的重大会计职业判断，例如公允价值的适用条件、金额、信息披露（刘泉军，2009）。苏新龙等在2013年分别发表了四篇涉及会计主体与纳税主体区分、关联方交易、采矿权价值计量以及坏账准备问题的会计职业判断案例研究文章。在2015年苏新龙又与其他学者合作发表了三篇涉及前期差错更正、递延所得税回转以及同一控制下企业合并问题的会计职业判断案例分析文章。

三、重大会计职业判断的特殊性

理论上，重大会计职业判断至少具备会计职业判断的基本特征，如专业性、目标性、权衡性和社会性（夏博辉，2003）。学者们经研究发现重大会计职业判断还有如下特殊性。

（一）面临的问题重复性较低，经济业务的不确定性较高

会计职业判断中大多数属于简单地、重复的、日常性的判断，会计人员通过经验积累能够纯熟地掌握，判断的难点主要在复杂的、不确定性事项的会计处理上，应当成为研究的关注点（杨家亲、许燕，2003）。企业经济业务复杂多变导致会计对象出现许多不确定性，使得富裕企业一定的会计政策选择权成为必然（唐国琼，2000）。

（二）影响因素较复杂

在进行重大会计职业判断（以会计政策选择）时，不能纯粹从技术会计角度出发，而应从更广泛和更开放的角度出发，更多地考虑各方面因素（包括经济影响和社会影响）和听取各方面的意见（夏博辉，2003）。

（三）企业自身经济因素影响较大

有学者在以坏账准备率确定为对象的研究中，指出管理人员在进行重大会计职业判断时需要考虑到宏观经济新式、公司发展阶段、市场经营战略以及其他部门信誉管理政策等问题（王跃堂、赵子夜，2003）。

（四）判断主体的组成较为复杂

有的学者发现重大会计职业判断比一般。会计职业判断对判断主体的能力要求更高。会计事项越复杂，其不确定性程度越高，判断风险越大，对会计人员的职业判断能力要求越高，相比较而言，复杂程度越低，越容易取得好的判断质量（王丽杰，2008）。有的学者指出在重大会计职业判断中，最终决策者在企业中的权力较高。企业重大会计职业判断（以会计政策选择）的立场应是企业管理当局的立场（唐松华，2000）。有的学者认为按照判断问题的难易程度不同进行划分，交给不同层级的判断主体做最终决策的做法比较科学（王清刚，2012）。此外，2014年10月13日海峡两岸及港澳地区会计师行业交流研讨会发布的《注册会计师职业判断指南》（简称《职业判断指南（2014）》）中明确指出，即使需要决策的问题在主体的认知范围内，也要在对重大事项作出判断时考虑向其他人员咨询。

四、重大会计职业判断的异质性

重要性在特定环境下，为同一类信息使用者的决策服务具有一定的客观性；在不同环境下，为不同信息使用者服务时则具有一定的主观性（叶清辉，2003）。重大会计职业判断的异质性也由此产生。

（一）行业异质性

一些学者在进行案例研究时发现，企业所处的行业不同，需要引起重视的重大会计职业判断类型也会不同。例如，土地开发公司对土地增值税抵扣时机的判断中，由于涉及的土地交易过程较为复杂，在土地增值税清算和公司股权转让两次清查中，该项差错都没有被及时发现（苏新龙、李慧敏、傅彩芬，2013）。再如，飞机制造业的企业在飞机及发动机、高价周转件的折旧与维修、飞机大修理准备以及递延所得税方面判断难度较大（苏新龙、葛竹青、傅彩芬，2013）。又如，冶金业的企业市场面临复杂的采矿权证的价值计量问题（苏新龙、谢丽英、傅彩芬，2013）。

（二）产权组织形式异质性

除行业异质性之外，企业的产权组织形式不同也会导致重大会计职业判断的差异，这种差异主要体现在决策倾向和决策流程上。

学者们普遍认同，重大会计职业判断存在产权组织形式异质性。特殊的企业产权制度对会计行为产生的不良影响是导致企业会计信息失真和会计监督弱化的根本原因（陈国辉、陆建桥，1996）。学者们普遍认同，股权分散程度越高，企业面临的重大会计职业判断会更加复杂。上市公司由于股权比例比较分散，股东众多，做出政策判断和选择的程序要复杂些，做出选择的事件要长一些，同时由于大量公众股东的存在，对会计政策解释的要求也比较强（夏博辉，2003）。有学者通过实证研究发现，"一股独大"是非盈利信息质量低劣的原因，第一大股东持股比例与盈余激进度之间成反"N"型关系（黄建华，2007）。

国有企业的重大会计职业判断问题具有特殊性。我国国有企业的产权组织具有特殊性，很难被笼统地归入独资企业、合伙企业或股份企业的类别下（陈国辉、陆建桥，1996）。有学者经实证研究后发现，国家控制的上市公司比非国家控制的上市公司盈余管理程度低；中央政府控制的上市公司比地方政府控制的上市公司有着更强的真实盈余管理，而在应计盈余管理上无明显差异（刘永泽、高嵩，2013）。

（三）区域异质性

不同地区的企业面临不同的外部治理环境，产生不同的政治交易或经济交易行为，在进行重大会计职业判断时秉持不同的目的和动机。从经济地理学角度看，我国东部地区企业盈余管理程度最低、中部盈余管理程度居中、西部盈余管理程度最高，地区差异是通过外部治理环境因素传导到企业内部（李延喜、陈克兢、姚虹等，2012）。

五、重大会计职业判断的判断依据与披露

（一）判断依据

1. 权威性依据

学者们普遍认同现行的包括《会计法》《企业会计准则》（基本准则以及具体准则）在内的会计规范，相关解释公告、专家意见，以及权威执业团体（如中国注册会计师协会、苏格兰特许会计师协会等）发布的指南等都可以指导重大会计职业判断的有效执行。这些权威指引限定了运用判断的程度，并通过惩罚等措施促使其更客观地进行判断（杨家亲、许燕，2003；王跃堂、赵子夜，2003）。会计规则本身就是规则制定者将自由发生的会计域秩序转化而来的（吴联生，2003），这种会计与秩序其实是一系列在众多判断主体中约定俗成的（重大）会计职业判断偏好。

部分学者对会计法律法规是否是重大会计职业判断的唯一依据问题展开过讨论，形成了两种不同的观点。有的学者认为，只要职业判断者的行为符合当时的法律制度的规定，就不应该受到处罚。从职业判断的角度来看，能钻法律制度的漏洞是一种职业能力的体现，而非违法违纪行为（夏博辉，2003）。有的学者表示反对，认为重大会计职业判断（以重要性判断为例）是一个专家的、经验的判断，准则制定机构是无法制定通用的判断准则的（叶清辉，2003）。原则导向的新企业会计准则发布实施一段时间后，学术界

对会计法律法规作为重大会计职业判断依据的问题形成了统一的意见。大部分学者认为准则范围内的盈余管理不等同于会计职业判断，而是利用重大会计职业判断为掩饰的利润操纵行为（于长春，2009）。有的学者提出"公允"不能局限在遵守具体会计准则的规定，具体会计准则中的要求是会计职业判断的最低标准。会计职业判断的原则包括遵循会计准则及其他相关法规、综合运用会计信息质量特征、判断主体应以客观事实和真实交易为基础、恪守职业道德等（王清刚，2012）。

其他非权威指引也能够在一定程度上规范重大会计职业判断行为。例如专业文献（杨家亲、许燕，2003）等。

2. 基本会计准则之外的其他原则

符合会计目标的要求是执行重大会计职业判断根本原则。有学者发现合理运用会计职业判断可以增强盈余稳定性，在不会违反会计标准的前提下进行盈余平滑，能够提高会计信息的决策有用性（王跃堂、赵子夜，2003）。然而，重大会计职业判断偶尔会偏离会计目标。不同利益主体的目标不同，对会计信息的要求也不同，从而决定了重大会计职业判断（以会计政策选择）要求的不同。但是重大会计职业判断应当尽量满足各利益团体"共同需要"或尽量维护"公众的利益"（夏博辉，2003）。

在符合会计目标的根本原则的基础上，重大会计职业判断还应当遵循其他具体原则。

第一，真实公允。重大会计职业判断应当遵循真实公允的原则（夏博辉，2003；王清刚，2012）。会计职业判断应当以"真实与公允"为目标，并以遵循一系列会计职业判断原则为途径来实现"真实与公允"。"真实"是指会计职业判断产生的信息应当反映经济实质，而"公允"是指公平恰当，在考虑利益相关者之间的博弈当中不偏袒任何一方（王清刚，2012）。如实反映、客观中立（王丽杰、端木青，2008；于长春，2009）等提法也可以包含在真实公允这一表述中。

第二，职业胜任原则。职业胜任能力包括技术胜任能力、职业技能和职业价值观、伦理和态度。其中技术胜任能力包括财务报告审计、财务会计和报告、治理和风险管理、商业环境、税务、信息技术、商业法律法规、财务和财务管理；职业技能包括知识、人际交流、个人（自律）、组织；职业价值观、伦理和态度包括致力于公共利益、职业怀疑态度以及专业判断、伦理原则［国际会计是联合会（IFAC），2012］。重大会计职业判断过程中可能会面临不同利益主体诉求，也可能会受到利益的驱动，尽管如此，判断主体也要恪守职业道德（夏博辉，2003）。

学者们还提出了其他原则：制约性、博弈性（于长春，2009）、适用性原则（夏博辉，2003）、一致性（王丽杰、端木青，2008）、正确性和准确性（王丽杰，2008）、成本效益原则（夏博辉，2003；王丽杰，2009）等。

3. 与经济实质相关的信息

重大会计职业判断是建立在客观依据上的（于长春，2009）。收集与经济实质相关的信息要有针对性。例如，要估计坏账准备，就要收集过去应收款项回收欠款的资料；要对未来事项做出判断就要收集有关信息和未来可能情况的资料；要判断一项交易是否为非货币性交易，就要收集补价和资产公允价值的信息（杨家亲、许燕，2003）。而且虽然信息收集主要依靠专业层的会计人员，但会计人员并不是"万事通"，客观依据中还应当包含其他部门和专业人员出具的证明材料（于长春、孙海凤，2009）。

（二）披露

学者们基本认同重大会计职业判断的披露应该更加详尽，以证明其合理性。应当细化对会计职业判断披露的要求（于长春和孙海凤，2009）。例如，对于关联方交易转移价格信息的披露不够规范，缺乏转移价格公允性的说明（苏新龙、葛竹青、傅彩芬，2013）。再如，交易或事项发生变化，暂时无法确定时，应当遵循谨慎性原则，指在附注中披露会计处理的原因，待交易或事项确定时再做相应的会计处理（苏新龙、葛竹青、傅彩芬，2013）。

六、重大会计职业判断的决策机制

（一）决策过程

《职业判断指南（2014）》中提出了会计职业判断的决策过程，与其他学者提出的结论大致相同（杨家亲、许燕，2003；王清刚，2012），包括六个步骤：确定职业判断的问题和目标；收集和评价相关信息；识别可能采取的解决方案；对比会计准则等法规，明确判断标准；评价可供选择的方案；得出职业判断结论并做出书面记录。

一些学者以上述六个步骤为基础，提出了重大会计职业判断有别于一般会计职业判断的特殊决策过程：首先，重大会计职业判断（以重要性判断为例）的本质是一个动态决策过程，决策不止一次（叶清辉，2003），可能会根据问题的复杂程度不同进行回溯（杨家亲、许燕，2003）。其次，要动态连续收集信息并进行多次修正，收集信息的过程至关重要，且具有一定的持续性（叶清辉，2003）。收集信息是对判断问题再认识的过程，不仅应当在判断过程中不断补充和修改，而且应当避免信息冗余（杨家亲、许燕，2003）。再次，重大会计职业判断过程应当符合企业内部控制的要求，应当由会计人员依据其他部门和专业人员的信息进行初步判断，再报企业最高权力机构——董事会批准（于长春、孙海凤，2009；王清刚，2012），企业的会计人员不应该，也不可能代替企业其他部门和人员的职业判断（于长春，2009）。最后，重大会计职业判断是存在风险的，可以通过设计恰当决策机制来防范风险（《职业判断指南（2014）》）。

（二）配套机制

1. 公司治理机制

具体可以分为外部治理和内部治理机制。虽然会计活动本身不属于公司治理结构的一部分，但诸如管理人员的报酬契约，公司债务契约、证券市场的有关监管规定等都以会计数据为基础来确立的，完善公司治理结构是重大会计职业判断得以公正实施的保证（杨家亲、许燕，2003）。外部治理环境基本包括产权保护、政府治理、法治水平、市场竞争、信用体系、契约文化等（夏立军、方轶强，2005）。完善的制度环境有助于抑制上市公司的应计盈余管理行为,但却会诱使企业增加真实盈余管理;随着市场化进程不断推进和制度环境不断改善,为了逃避监管上市公司的盈余管理策略逐渐由应计盈余管理向真实盈余管理转变(陈克兢、李延喜、孙文章等,2016)。

2. 协作机制

面临董事会、管理层和注册会计师产生不同的会计处理意见时可以吸取会计师事务所专家委员会的意见,或向证券监管机构申请答复(苏新龙、谢丽英、傅彩芬,2013)。建议准则制定机构成立会计准则释疑委员会,为企业在各种情况下如何运用会计准则提供建议,防止管理人员置身于判断空间无所适从(王跃堂、赵子夜,2003)。《职业判断指南(2014)》中明确指出,注册会计师需要认识到个体的局限性,遇到超出注册会计师认知范围的情况要考虑向其他人员咨询。在某些情况下,即使注册会计师拥有相关知识和能力,在对重大事项作出判断时也可以考虑向其他人员咨询,借助他人经验,避免对判断事项的误解,以及得出更多可供选择的方案。

七、文献述评及展望

(一) 文献述评

已有研究对重大会计职业判断的分类、特殊性、异质性和依据等问题进行了相关研究,形成了以下观点和思想:第一,重大会计职业判断可以按照会计政策的选择、会计估计、会计原则的选择与协调等会计事项分类;第二,重大会计职业判断有别于一般会计职业判断,面临的问题重复性较低、不确定性较高,影响因素较复杂,受到企业经营和投融资的策略影响较大,参与判断的主体级别较高、职业能力较强;第三,重大会计职业判断具有显著的行业异质性、产权结构异质性和区域异质性;第四,重大会计职业判断应当遵循符合会计目标要求的根本原则,以及真实公允、遵守职业道德、成本效益等其他具体原则;第五,除了遵循上述原则的指引,重大会计职业判断应当依据与经济实质相关的事实、权威性的会计法律法规,以及非权威性的专业文献和专家意见等;第六,重大会计职业判断是一个动态连续决策的过程,尤其是收集信息的过程,既要依据实际情况不断反复,又要有针对性,避免造成信息冗余。重大会计职业判断还需符合企业内部控制的要求,并需设计合理的流程规避判断风险。

上述的研究观点与思想从多角度、多情境揭示了重大会计职业判断的某些方面,为后续研究打下了一定的基础,也为实务运用重大会计职业判断机制提供了指导。但与我国新会计准则的实施要相比,重大会计职业判断相关问题的研究还存在明显的不足,主要体现在:第一,研究成果较为分散,直接的研究成果数量较少,只能从会计职业判断的相关文献中提取观点,或者从某类重大会计职业判断的研究提取观点,研究效率较低。第二,对某些亟待解决的问题缺乏深入研究。例如,重大会计职业判断的特殊性这一问题缺乏系统性的研究,只能将零散观点收集起来,而且这些观点缺乏实证检验。第三,对于同一问题的研究成果较少,有些观点仅是一家之言,没有形成充分的讨论。由于相关文献数量较少、研究结论较为分散，一些具有学术贡献的珍贵观点没有得到讨论、检验和继承。

（二）展望

原则导向会计准则的顺利实施依赖于合理的会计职业判断，真实公允的重大会计职业判断能深化会计准则的执行，提高会计信息的决策有用性，加强公司内部治理和内部控制建设，提升会计监管的效率，更好地实现会计目标。在当前我国经济面临重大转型、准则国际趋同和监管力度增强的新形势下，将科研资源向重大会计职业判断课题倾斜，是保障会计准则实施的有效途径。因此，在原则导向会计准则的大背景下，有必要将会计职业判断问题的研究引到重大会计职业判断的方向上。为此，笔者对未来重大会计职业判断的研究空间提出几点展望。

1. 关于重大会计职业判断的界定

本文试图通过分解概念的方式来探寻重大会计职业判断的本质，发现重要性是从会计信息使用者角度定义，而会计职业判断是从会计职业判断主体角度定义，考虑到苏格兰特许会计师协会（ICAS）制定发布的《财务报告职业判断框架》和两岸四地会计师组织合作发布的《注册会计师职业判断指南》把职业判断的主体扩展到了准则制定者、报告生产者、监管者和使用者等四方面，很显然现有研究的定义关联缺口太大，更不能由此简单嫁接出重大会计职业判断的定义。此外，学术界对"重大"一词的诠释存在分歧。选择会计理论中重要性的概念，还是选择"重大"本身的含义需要深入思考。重大会计职业判断的清晰界定是开展后续研究的前提。

2. 关于重大会计职业判断的异质性

笔者认为至少有以下问题值得关注：重大会计职业判断在特定行业、特定产权组织形式、特定区域具有哪些特性？行业异质性、产权组织形式异质性、区域异质性影响重大会计职业判断的作用机理是什么？重大会计职业判断的行业异质性、产权组织形式异质性、区域异质性存在哪些变化规律？国有企业的重大会计职业判断有哪些特殊性？经济环境日益复杂，除了行业、产权组织形式，区域以外还存在哪些重大会计职业判断的异质性？对这些现实问题的研究能够为重大会计职业判断的实践提供更有针对性的参考，并为准则制定者和监管机构指引重大会计职业判断的时间提供思路。

3. 关于重大会计职业判断的决策机制

笔者认为至少有以下问题值得关注：重大会计职业判断的决策机制具体应该如何实施？具有哪些行业异质性、产权组织形式异质性、区域异质性？如何与公司治理融合？决策过程中的协作行为应该如何组织和规范？内部治理机制和外部治理环境如何作用于重大会计职业判断？重大会计职业判断如何与内部治理机制融合？现实中哪些外部治理环境尚不适应重大会计职业判断的实施，如何改进？决策机制的科学设计要以重大会计职业判断的概念界定、异质性、依据、披露等研究成果为依据，才可以最直接地落实到企业中指导实践，改善会计信息质量，具有较高的研究价值。

会计职业判断，尤其是其中的重大会计职业判断是事关当前我国原则导向会计准则正确实施的关键问题。因为高质量的重大会计职业判断首先会反映在会计信息上，再经由资本市场辐射到信息使用者的决策当中,最终影响社会资源的配置利用效率。可见,重大会计职业判断问题的研究具有重要的现实意义。希望本文能为今后更加系统、集中、丰富地研究重大会计职业判断问题起到抛砖引玉的作用。

主要参考文献

[1] 陈国辉,陆建桥. 企业产权组织 会计信息质量 会计监督——兼析我国国有企业会计信息反映失真、会计监督弱化的深层动因 [J]. 会计研究, 1996 (5): 35-39.

[2] 陈克兢,李延喜,孙文章,杨莉. 制度约束还是制度诱导?——中国上市公司盈余管理策略演变的经验证据 [J]. 管理评论, 2016, 28 (5): 122-136.

[3] 陈毓圭. 提高会计职业判断水平推进会计职业健康发展——在2014年海峡两岸及港澳地区会计师行业交流研讨会上的主题演讲 [J]. 中国注册会计师, 2014 (12): 2-3, 8-11.

[4] 黄建华. 第一大股东控股与盈利信息质量实证研究 [D]. 西南财经大学, 2007.

[5] 李丹. 会计重要性判断标准的研究 [D]. 对外经济贸易大学, 2007.

[6] 李明辉. 浅谈会计人员的法律责任 [J]. 财会月刊, 2003 (5): 39-39.

[7] 李延喜,陈克兢,姚宏,刘伶. 基于地区差异视角的外部治理环境与盈余管理关系研究——兼论公司治理的替代保护作用 [J]. 南开管理评论, 2012, 15 (4): 89-100.

[8] 刘永泽,高嵩. 终极控制人性质视角下的盈余管理差异研究 [J]. 财经问题研究, 2013 (5): 122-128.

[9] 刘粤丽. 新准则下会计职业判断能力浅议 [J]. 中国乡镇企业会计, 2011 (12): 30-31.

[10] 毛敏. 审计重要性与会计、法律重要性的概念辨析 [J]. 财会月刊, 2009 (31): 43-44.

[11] 孟凡斌. 会计职业判断内部控制应用指引:制度设计与内容 [J]. 会计之友, 2016 (8): 77-79.

[12] 宋丹阳. 新准则视角下的会计职业判断研究 [D]. 东北财经大学, 2010.

[13] 苏新龙,葛竹青,傅彩芬. 会计准则与会计职业判断之二——XH航空公司利润和价值争议 [J]. 财务与会计, 2013 (6): 19-21.

[14] 苏新龙,李慧敏,傅彩芬. 会计准则与会计职业判断之一——基于C公司"扭盈为亏"的案例分析 [J]. 财务与会计, 2013, No.461 (5): 15-17.

[15] 苏新龙,谢丽英,傅彩芬. 会计准则与会计职业判断之三——基于SL公司采矿权证的案例分析 [J]. 财务与会计, 2013 (7): 11-12.

[16] 苏新龙,谢丽英,傅彩芬. 会计准则与会计职业判断之四——基于ZL公司坏账准备的案例分析 [J]. 财务与会计, 2013 (8): 9-10.

[17] 孙丹. 论会计职业判断 [D]. 中国海洋大学, 2004.

[18] 汤滨. 会计职业判断研究 [D]. 东北财经大学, 2007.

[19] 唐国琼. 论新形势下的会计职业判断 [J]. 财经科学, 2000 (S2): 363-366.

[20] 唐松华. 企业会计政策选择的经济学分析——必然性·影响因素·立场 [J]. 会计研究, 2000 (3): 18-23.

[21] 王丽杰,端木青. 浅谈会计职业判断的原则、标准和方法 [J]. 现代经济(现代物业下半月刊), 2008 (4): 94-96.

[22] 王丽杰. 会计职业判断的内涵初探 [J]. 经济论坛, 2008 (21): 138-140.

[23] 王丽杰. 会计职业判断质量影响因素分析 [J]. 财会通讯, 2009 (27): 77-79.

[24] 王琴,李长青.基于准则视角论会计职业判断与会计监管[J].财会月刊,2011(20):7-9.
[25] 王清刚.会计职业判断框架构建研究[C].2012.
[26] 王跃堂,赵子夜.会计专业判断:基于盈余信息治理的思考[J].会计研究,2003(7):20-23.
[27] 吴联生.会计信息失真的"三分法":理论框架与证据[J].会计研究,2003(1):25-30.
[28] 吴晓燕.新会计准则下对会计职业判断的再认识[D].西南财经大学,2008.
[29] 夏博辉.论会计职业判断[J].会计研究,2003(4):36-40.
[30] 夏立军,方轶强.政府控制、治理环境与公司价值——来自中国证券市场的经验证据[J].经济研究,2005(5):40-51.
[31] 谢盛纹.重要性概念及其运用:过去与未来[J].会计研究,2007(2):11-17,91.
[32] 徐玉德.会计的真实性与会计职业判断[J].中国注册会计师,2004(6):58-60.
[33] 杨家亲,许燕.会计职业判断研究[J].会计研究,2003(10):43-46.
[34] 杨荣辉.会计职业判断探微[J].财会月刊,2001(14):24-25.
[35] 叶清辉.会计重要性判断的再认识[D].厦门大学,2003.
[36] 于长春,孙海凤.新准则中会计职业判断对企业的财务影响——基于昆百大和金融街的案例研究[J].会计之友(上旬刊),2009(2):48-51.
[37] 于长春.会计职业判断[J].会计之友,2004(1):1.
[38] 于长春.会计职业判断的内部控制研究[J].上海立信会计学院学报,2009,23(6):28-34,101.
[39] 张蕊.企业高管侵占型职务犯罪的会计调查及防范[J].会计研究,2011(11):35-39.
[40] 张世兴,孙丹.会计原则 会计标准 会计职业判断导引——兼议我国企业会计标准的改革方向[J].会计之友,2004(6):26-27.
[41] 张世兴.论会计职业判断导引体系的建立[C].2006.
[42] 张政伟,刘泉军.公允价值运用与会计职业判断[J].财务与会计,2009(7):30.
[43] 注册会计师职业判断指南[J].中国注册会计师,2014(11):19-25.

基于情境认知学习理论的视频案例教学模式研究与实践
——以 MPAcc 财务信息化课程为例

王　舰　马骞丽　管梦瑶[①]

摘　要　随着现代技术的发展，以及国家对高等教育教学的重视，教学改革也在不断受到重视。而笔者认为对于教学方式的改革方面，最重要的是重新建立教学关系，改变课堂主人，在课堂中，实习互动，以学为主的教学关系，培养学生自主学习的能力。通过案例手段建立起交流与评估的双向互动模式，将课堂的主导权从教师转移到学生，实施以学生为中心的教学案例设计，做到深度学习、主动学习和探究学习。对于某些特定的教学目标与任务，通过使用视频案例可以为师生提供比较真实的教学情境，让处在校园的学生也能够身临其境地了解所学专业相关知识的实践应用情况，可以加深学生对于相关理论知识的理解，从而有效提高学生利用所学知识解决实际问题的能力。

关键词　互动学习；案例教学；视频案例；情境认知

一、引言

现代教育技术也在推动教学改革，需要重新建立起师生的关系，实现互动的以学为主的教学关系，强调对学生能力和素质的培养。案例教学就是一种常用的手段，由哈佛大学商学院率先开始应用并推广，到了 20 世纪 30 年代和 40 年代，案例方法在商学院教育中广为普及。通过案例手段建立起交流与评估的双向互动模式，将课堂的主导权从教师转移到学生，实施以学生为中心的教学案例设计，做到深度学习、主动学习和探究学习，混合式学习、开放教育资源和众包交互等新兴教学法和工具被使用，其中视频案例教学是一种有效的常规性实践教学手段，能够达到"贴近实际、贴近生活、贴近学生"的目的。对于某些特定的教学目标与任务，通过使用视频案例可以为师生提供比较真实的教学情境，让处在校园的学生也能够身临其境地了解所学专业相关知识的实践应用情

[①] 作者简介：王舰，男，中国海洋大学管理学院会计系教授，硕士生导师。马骞丽，中国海洋大学管理学院会计系研究生。管梦瑶，中国海洋大学管理学院会计系研究生。

况,可以加深学生对于相关理论知识的理解,从而有效地提高学生利用所学知识解决实际问题的能力。

二、相关文献综述

(一) 建构主义学习理论

在建构主义学习理论中,知识是学习者在一定社会文化背景下,利用必要的学习资料,通过意义建构的方式获得的。所以建构主义学者认为:"知识不是通过教师传授得到,而是学习者在一定的情境即社会文化背景下,借助他人(包括教师和伙伴)的帮助,通过人际关系的协作活动而实现的主动建构知识意义的过程。"基于此理论,建构主义学习观认为,教师不能只是给学生以知识,学生必须用自己的头脑去建构知识。教师需要做的应该是提供学习平台以促进学生自主建构知识,比如通过给学生提供机会,使之自主发现或应用某些概念。也可以说,为了帮助学生实现更高层次的理解,教师应该给学生提供梯子。但是无论如何,学生必须自己爬梯子,这就是著名的支架式教学模式。

建构主义教学模式的研究中,已经对情境、交互、团队等有了深入的研究,提出了"学习环境包含情境、协作、会话和意义建构四大要素",这种模式同样适合于案例教学中。学生是客户,是知识的主动建构者;教师既是编剧又是导演,还是演员,应围绕客户的专业对案例进行设计和选择,对整个教学过程进行组织、指导,是知识建构的帮助者、促进者,媒体的多样化不再局限于成为任课教师传授知识的手段和方法,更应该被用来创建情境、进行协作学习和会话交流,这也是视频案例教学的目标,成为学生主动学习、协作式探索的认知工具。

(二) 案例教学

案例教学法就是通过对一个具体教育情境的描述,引导学生对这些特殊情境进行讨论的方法。案例教学,就是在教师的指导下,根据教学目的,组织学生对案例进行调查、阅读、思考、分析、讨论和交流等活动,教给他们分析问题和解决问题的方法或道理,进而提高分析问题和解决问题的能力,加深学生对基本原理和概念的理解。案例教学法推动教学活动从"教师本位"转向"学生本位",具有高情境性与互动性的优势,体现了一种追求教学质量和教学效率的理念。所以,案例教学就是教师通过真实、具体的案例来引导学生共同讨论、研究的一整套教学方法或教学模式。案例教学法的认知前提在于"智慧无法告知",根源在于对教学效果和质量的追求,进而牢固树立"以学员为中心"的理念。

(三) 情境认知学习理论

案例教学的有效性已经有所认同,但是如何提高案例教学的效果呢?这可以从情境认知学习理论得到答案。我们先分析一下为什么是情境认知而不是情景?通过查阅《现代汉语规范词典》对"情景"和"情境"的注释我们了解到,情景是指某个场合的具体情形与景象;而情境是指情况或境地。情景指某一特定的时间和特定空间中的具体情形;情境指某一段时间和空间许多具体情形的概括。从词典的解释来看,"情境"一词所指的时空范围比"情景"要大,"情境"比"情景"包含着更多的情形,"境"中有"景"。

情境认知学习理论认为,教学过程是学习者利用物化的工具对镶嵌于现实情境中的学习内容建构的结果,个体所处的日常生活情境与镶嵌在其中的内容不可分割地联系在一起,个体正是通过环境周围的客体和实践的操作来认识情境中的具体内容。该理论核心观点是:"只有当学习发生在有意义的情境中时,学习才是有效的",这也反映出在现有的案例教学中,案例的描述通常是文字方式,缺乏情境还原,使学生与案例之间保持一定的距离。所以在案例教学中,就应该解决通过"案例"的陈述来创设出真实的"情境",因此,案例教学实际上是以教学内容的变革为前提的,正是首先有了形形色色的案例,才使得案例教学成为可能。

目前流行技术中,增强现实(Augmented Reality,AR)已经被应用到互联网领域,创造学习情境,即通过电脑技术,将虚拟的信息应用到真实世界,真实的环境和虚拟的物体实时地叠加到了同一个画面或空间同时存在。而在线下的案例教学,引入视频技术,就是一种有效的解决手段。

教学案例所构建的"真实"的情境中还原现实场景和焦点问题,激发学员头脑中"储存"的对于实际问题直观感受的印迹,通过案例教学过程中讨论、辩论、交流等互动方式,引发对相关问题的全方位思考,寻找问题的因果关系,发现破解的有效思路,并建构起对于管理理论的新认识和对于公共管理现实的新知识。

视频是一个强大的情境记录工具,它是一个广角镜,全面收录课堂信息,也是一个显微镜,放大特定的待研究信息。

(四)关于视频案例教学

单一的纯理论教授式教学方法显然难以"克服培养目标理想化、培养内容脱离学生实际、培养方法单一化,以及培养环境远离学生生活等问题",案例教学因此被广泛推广,特别是在商学院普及。

在这种教学模式下,教师在课堂内通过大量引用案例,指导学生运用理论知识分析、讨论现实的案例,由此在不完全改变传统教学模式的情况下引入新的元素,使得学生跳脱理论知识的局限,可以接触鲜活的案例。这种教学方式的最大特点在于,改变全理论性的教学方式,将理论知识与现实案例结合,一定程度上体现了理论性与实践性的结合。

在课堂上通过视频资料更直观地反映鲜活的案例,成为案例教学的一个趋势。这种以视频案例为资源的案例教学方法,可以称之为视频案例教学法。区别于传统的案例教学法,这种新型教学方法不仅具备传统案例教学方法所特有的优点,而且克服了传统案例教学方法的弊端。视频案例教学利用多媒体设备,综合通过文字、图形、声音、影像等方式将案例生动形象地展现给学生,既可以调动学生参与案件学习的积极性,也可以将枯燥文本的学习转为生动有趣的体验,还可提高学生学习的效果。据实验表明,人们一般能记住自己阅读内容的10%,自己听到内容的20%,自己看到内容的30%,自己听到和同时看到内容的50%，在交流过程中自己所说内容的70%。

伴随着现代技术的发展，视频案例教学逐渐取代传统的文字案例教学。与传统文字案例教学不同，体验式视频案例给师生们提供了一种新的体验式教学，它具有跨时空性，同时还有情景再现和可以根据需要进行灵活截取等优势，这些优势可以促进学生将所学知识与实践进行有效结合，提高教学效率，因此受到教育者的青睐。

墨瑟思（Merseth）告诉我们：教师不再是程序化地操作"规约式"教育理论的机器人。教师知识已被定义为"随场景变化的""情境依存的"和"不断成长发育的"知识。"教师行为来源于对多种经验的归纳，而不是对理论原则的演绎。""案例"的意义不仅体现在它本身的结构与内容上，更关乎对案例进行讨论的方式。"讨论什么"和"如何讨论"，两者比肩而立，相互协调。

由于课堂讨论是实现"案例"价值的关键所在，研究者们开始关注"讨论引导者"的作用及其驾驭讨论的能力，即尽量使课堂讨论既反映引导者的预设议题，又对小组中不断涌现的新议题保持开放姿态。巴那特和泰森（Barnett和Tyson，1994）界定了引导者的三大功能：（1）充分利用学习机会；（2）培养多视角思考问题的能力；（3）构建共同语汇与经验。视频案例教学就是促进学生自主思考，引导学生根据所学的相关理论知识结合视频案例内容进行讨论，培养学生将理论知识与实践相结合的能力，加深知识理解，提升教学效果。

三、视频案例教学模式

互联网思维强调以人为本，与MPAcc学生交流时，学生经常提出传统的课程中数字、文字描述过多，过于抽象。这就说明，虽然MPAcc已经倡导多年的案例教学，实际应用效果还存在一定的问题。在MPAcc的案例教学中，案例的描述通常是文字方式，使学生与案例之间保持一定的距离。提高案例教学手段的一种方式，是引入情境教学模式。而在互联网教育领域尤为重视强调应用增强现实（AR），创造学习情境。

俗话说："读万卷书不如行万里路"，足不出户遍知企业事。在现代社会中，由于电视和网络的出现，人们不用行万里路就可知晓天下事。在教学中，学生不用深入现场，借由教师所播放的视频案例就可看到企业的真实场景，足不出户就可广泛地了解企业的大事小情，实现教学过程中的情境建构。在MPAcc案例教学中，引入情境认知学习理论，结合视频案例的教学模式，借助多媒体手段通过情境建构为学生创建了越来越便捷的学习环境，已经成为案例教学学习活动赖以开展的物质、信息、技术、关系的综合体。

（一）什么是视频案例教学

视频案例教学是指教师围绕特定教学议题，运用视频、音频、图片、动画等多媒体形式展现典型事件辅之案例点评与小组讨论等教学设计，以复现知识的教学方法体系或模式。

为什么视频案例教学具有优势，这可以从心理学家的研究中得到确认：在人们所接受的外部信息当中,83% 的印象来自视觉,11% 来自听觉,3.5% 来自嗅觉,1.5% 来自触觉,1% 来自味觉。从中可以看到视频案例教学效果好的原因,通过不断刺激视听感官,令学生的印象更加深刻,可以达到寓教于乐的目的,这也验证了以视觉见长的视频案例在 MPAcc 案例教学中的重要性。

信息技术不断融入教育的进程中,关于"技术是否促进学习"的争论始终困扰着人们。"微视频"的教学试验证明,学习分析技术可以多维度地捕获与量化学习过程数据,刻画学习者的学习行为印记,促进学习者概念转变以及学业成就提升。同时,探究学习行为印记与学业表现之间的逻辑关联,有助于客观地评估信息技术作用于教学的效果。现在典型的案例教学流程如图 1 所示。

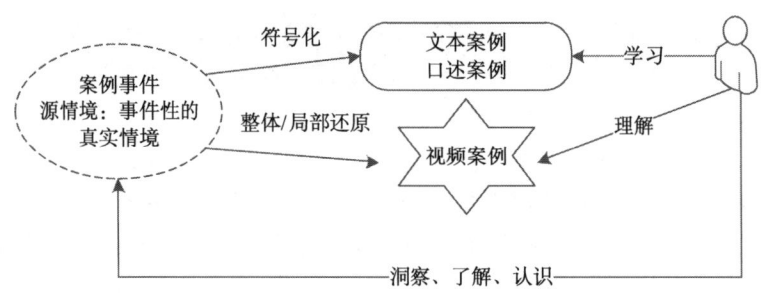

图 1　案例教学流程

(二) 传统案例和视频案例的对比

与传统课堂相比,案例教学法更能够促使学生强化所学知识、应用所学理论、得出自己的分析结论,获取其职业发展所必需的技能,这些技能在很大程度上是无法从传统课堂获取的。通过大量的理论和实践研究可以证明,案例教学法是一种能够帮助学生获取和进一步拓展其职业能力、技能的重要方法,也正因如此,案例教学法已经成为备受国内外一流商学院推崇的教学方法。但是,传统案例在应用时,也存在一些不足,主要体现在学生学习案例时,难以了解案例的背景,案例分析得出的结论容易片面。传统案例和视频案例的对比,如表 1 所示。

表 1　传统案例和视频案例的对比

传统文本案例/口述案例	视频案例
工具:文字/语言	工具:影像、动画、图片、语言、文字等
平面	立体
抽象	具象
主观	直观
理性	感性
左脑	右脑

而视频案例教学承载了启发教学和互动教学的任务,使枯燥的课堂教学回归生活,

给理论知识注入生命活力。视频案例教学的主要优势体现在：能够立体、全貌地还原案例情境；视频案例教学具有多方位和全面性的特点，有利于丰富课堂教学；视频案例教学提高了教师的案例研究水平和学生的综合能力。与文本案例相比较而言，视频案例能够更好地引发学生产生更多的探究性思考，可以帮助学生更好地学习新的理论，同时提升他们的评估能力。

（三）视频案例教学的三种境界

第一种境界是浅入浅出，第二种境界是深入深出，第三种境界是深入浅出。视频案例凭借其自身特性，可以轻松地达到第三种境界：将问题诠释得深入浅出。具体而言，视频案例能将抽象的原理具象化，将主观的事物直观化，将理性的文字感性化，让学生于有声有色之中轻松地认识和了解企业的营销问题。

从学生的听课效果看，将视听两种感官刺激叠加在一起（视频案例），其给人的印象要比单纯的视觉刺激/听觉刺激（文本案例/口述案例）深刻得多。

相关研究发现，视频案例的音频、视频格式使得观看者能够同时从视觉和语言上进行双重编码；双重编码能够强化对案例事件在语言上的理解。

（四）视频案例教学三个特征

认知学习理论的建构主义理论认为，学习不是知识由教师向学生的传递，而是学生构建自己知识的过程。学生不是被动的信息吸收者，而是意义的主动构建者，这种构建不可能由其他人代替。学习者的知识构建过程具有三个重要特征：一是学习的主动构建性。面对新信息、新概念和新命题，每个学生都在以自己原有的知识经验为基础构建自己的理解。二是学习的社会互动性。学习任务是通过各成员在学习过程中的沟通交流、共同分享学习资源完成的。三是学习的情境性。知识并不是脱离活动情境抽象地存在，知识只有通过实际情境中的应用活动才能真正被人理解。因而，学习应该与情境化的社会实际状况结合起来。情境认知学习理论视野中的教学也以学生在"真实"的情境中构建知识并将其用于解决自己面临的实际问题为目标，强调教学的现实适应性和创造性。

视频案例的第一个特性就是它独特的工具特性：文本案例使用的是文字，口述案例使用的是语言。而视频案例使用的是影像、动画、图片、语言和文字等多种工具。视频案例的其他特性都是从它的工具特性派生出来的。视频案例的第二个特性就是具象性：文本案例/口述案例付诸的是文字/语言，对其处理靠的是（负责逻辑思维的）人的左半脑。视频案例付诸的是影像、动画、图片等，对其处理靠的是（负责形象思维的）人的右半脑。因此，视频案例具有更多具象的特性。视频案例的第三个特性就是直观性：针对一个文本案例/口述案例，因其抽象性，信息量小，故不同的人会有不同的理解。针对一个视频案例，因其具象性，信息量大，故不同的人会有大同小异的理解。因此，视频案例具有更多直观的特性。视频案例的第四个特性就是感性。文本案例/口述案例对应的是抽象的文字/语言。而视频案例对应的是具象的影像、动画、图片等，文字、语言给人情感上的冲击，远不如影像、动画、图片等来得大。

（五）视频案例设计的原则

一个好的视频教学案例，应该具有真实性、典型性、故事性和引申性。第一，真实性。好的案例是对现实中发生的"事实"的记录，是对客观"真实"情景直接务实的白描。第二，典型性。好的案例，一方面所反映的"事实"是管理实践中普遍存在的共性问题或社会普遍关注的热点问题；另一方面"事实"的记录和情景的白描集中于代表性场景的勾勒，集中于对人们特别关注的焦点问题进行陈述。第三，故事性。好的案例必须要提炼出疑难问题或重点问题，这是好的案例之所以具有意义的关键所在。好的案例还要按照起承转合的故事要素，在角色塑造的基础上，体现冲突、高潮、转折、解决等环节的递进逻辑关系。第四，引申性。好的案例可以举一反三，引出学员更为深入的思考，对解决管理实践中各方面问题提供可以借鉴的思路和方法。

通过对传统案例和视频案例对比我们可以发现，采用视频案例可以很好地将复杂和枯燥的内容生动化，提高学习的效率。有研究表明，一个人接受的信息中80%以上来自于视觉接受，这使得从视频教学可以很好地将知识传授给学生。而传统教学注重知识的传授，很大一部分学生只需要记笔记、学笔记，而最后的考试也是考笔记。这在很大程度上阻止了学生进行思考，减少了创新性。此种教学方法培养出来的学生往往是理论记忆能力有余而理解和实践能力不足。而体验式视频教学中学生在一边观看视频，同时教师可以根据视频提供的信息进行提问，让学生在观看视频的同时进行思考。

最重要的是视频案例不是单纯案例的复述，而是把枯燥的理论形象化，深入阐释案例过程，使企业决策过程有了一定的依托，将案例还原到实际生活。视频案例中人物角色的变化、每个人对问题的理解等能使学生学到分析问题的技巧和思路，学会如何根据所处的情境去认识、分析和处理实际问题。

传统教学重视理论的传授，实践操作能力相对较差，很多学生认为在实践中很少能够运用上这些理论。引用的案例仅限于课本中所列举的，从而导致学生学习兴趣不高，教学效率低下。视频案例以其跌宕起伏的情节、真实清晰的画面、极富节奏和感染力的声音紧紧抓住学生的注意力，充分调动学生的视觉、听觉和思维，能给他们留下更深刻的印象。视频案例都是来源于现实的案例，例如，可以通过视频案例将并购过程进行展现，让学生更好地了解并购的起止和因果，将并购的来龙去脉进行一一的展现。视频案例的应用是对传统教学方法的革新，一方面通过生动的案例可以阐释枯燥的理论，加深学生的记忆；另一方面可以通过视频去吸引学生的注意力，调动学生学习的积极性，提高教学效率。

与以往不同的是，老师在口述文本案例之前，率先播放了之前精心挑选的视频案例，时间虽然长达十几分钟，但同学们听得很认真、看得很过瘾。比以往干巴巴的文本案例/口述案例的教学效果好多了。

（六）视频案例教学设计思路

虽然我们强调视频案例在教学应用中具有其独特的优势，但是，同时我们也注意到如果在教学过程中我们只强调视频案例本身,那其教学效果就会与预期效果大打折扣,从而不能满足不同类型的学生的需要。这也就要求教师在使用视频案例进行教学时,需要提前做好准备工作,对整个课程体系进行较为系统的规划和设计,并且能够启发学生通过视频案例发现问题,及时回答学生的问题。

应用视频案例进行教学时对教师和学生都有要求。教师必须对学生的特点和要求有一定了解,据此对视频案例教学进行系统设计。同时,学生应该具有相关的理论知识基础以及相应的知识广度,并且在课前应该提前对于案例中所提到的企业的发展以及案例中所应用的知识有所了解。在视频案例教学中教师需要鼓励学生能够将相关课程的理论知识与其他学科的知识以及案例中的实践应用充分结合起来。

视频案例教学设计方案包括以下几个关键点:第一,视频案例教学是以视频作为主要的呈现方式,教师应该将所要讲授的理论知识隐藏在视频案例中;第二,在案例问题的设计时可以选择层层递进的方式,同时配合分段的视频案例,每一段包含一层问题,循序渐进,吸引学生自主思考,从而营造出跨时空分析的情境;第三,在进行教学效果评价时,可以选择采用多种多样的考核方式,灵活考查学生对相关理论知识的掌握程度。

四、"互联网+会计"专题的课程教学设计与应用

在会计信息化前沿专题课程中,安排了一次视频案例研讨课程,题目是"互联网颠覆了什么",目的是让MPAcc的学生深刻了解互联网,分清"互联网+"和"+互联网"的相关知识。

(一)课程设计

(1)视频素材:《财经郎眼》(20160905),互联网没有颠覆什么?
(2)郎咸平的观点:郎咸平新书,《郎咸平说:新经济颠覆了什么》,提出了"互联网+"一地鸡毛,"+互联网"才是正道。
(3)中欧国际工商学院市场营销学助理教授林宸博士更好地阐述了互联网的精髓,多次谈到长尾理论。
(4)本课程需要向学生传达的知识点:
移动化、长尾理论、众包模式、免费模式、体验经济、互联网的零距离、零边际成本、零签字、零应收、零库存、零冗员。

(二)课程设计阶段:不断颠覆学生的思维,引发学生主动思考

在这节MPAcc财务信息化课程中,我们引入视频案例教学,并且对于课程进行了不同阶段的设计,在每一个阶段设计对应的教学目标与方式,引发学生对于所学内容根据案例进行深度思考与讨论。具体课程设计阶段内容如表2所示。

表 2　　　　　　　　　　　课程设计

阶段	方式	案例教学目标
第一阶段	自由讨论	互联网是什么？
第二阶段	观点郎咸平的视频	互联网没颠覆什么？
第三阶段	林宸的互联网观点	了解长尾理论
第四阶段	你的观点	了解免费、创客模式

（三）视频案例教学的详细流程

教师在教学过程中，应该充分体现情境的特点。在每个阶段中，教师需要扮演不同的角色，以应对学生提出的不同的问题。让学生充分领略到案例教学中情境的特色。"互联网＋"支撑下的"智慧课堂"，实质上是基于动态学习数据分析和"云＋端"运用的新型课堂教学形态，是由系统（信息化平台和工具）、人（教师和学生）及其活动（课前、课中、课后教学环节）等组成的现代信息化课堂教学体系。"智慧课堂"体系总体上是由从下至上的资源管理与服务、多元评价分析、应用支持平台、师生移动终端和教学应用环节五个部分组成的智慧教学服务体系。

此次视频案例教学的详细流程如图 2 所示。

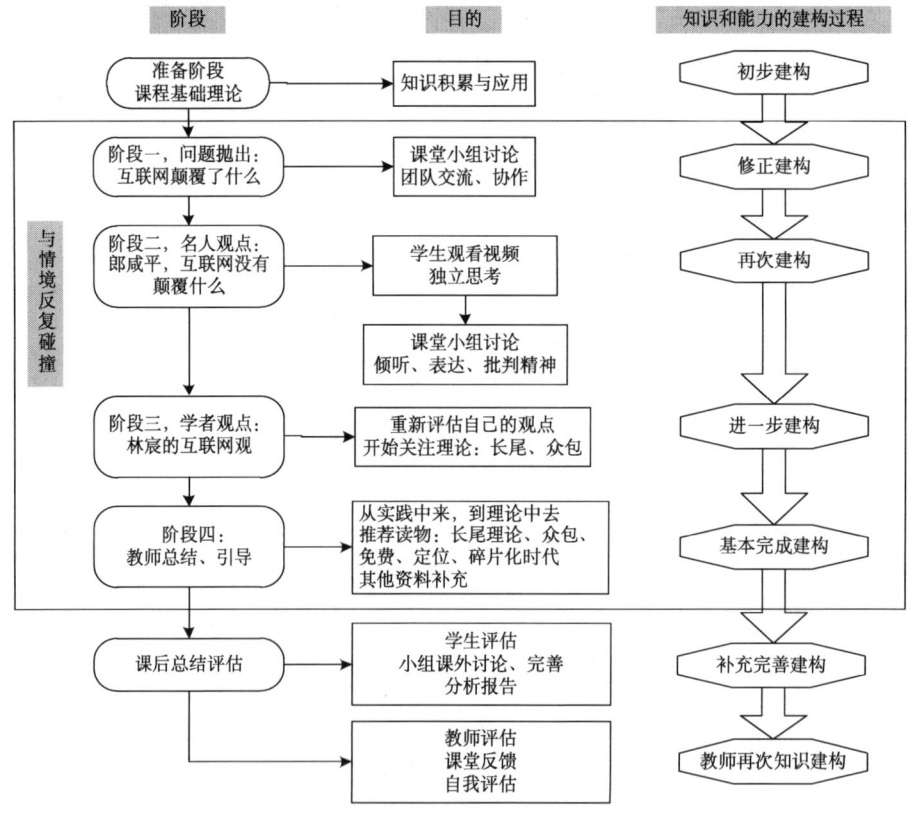

图 2　视频案例教学流程设计

在进行视频案例教学之后,提供学生学习相关扩展知识的读物,让学生的思维不仅停留在课堂中。如推荐学生读:《连线》杂志前主编克里斯·安德森的经典三部曲作品:《长尾理论:为什么商业的未来是小众市场》《免费:商业的未来》《创客:新工业革命》,体验互联网时代引领颠覆式创新、开创商业的未来。

下一步还会考虑将投票、互动等过程全面应用到案例教学中,混合式学习的方法开始得到更多的关注与重视,因其本质更容易逼近信息化时代学习的核心所在,通过技术驱动的环境下不断发展,实现人和技术共同进化的"混合时代"。应该看到的是,混合式学习不再是一种选择性的学习方式,而应该成为一种必需的方式,会成为人类学习的基本,也是最主要方式。

此次视频案例教学应用的效果与反馈:首先,我们发现使用视频案例教学确实可以使学生理解案例的全貌变得更加容易;其次,通过视频案例的使用可以使学生变为课堂的主人,拉近学生与课堂距离,提高了学生在课堂的参与度,他们不再只是被动地接受老师传递的知识,而是具有了自己的深度思考的能力,可以进一步提升师生的创新能力;最后,视频案例因为其丰富直观的形式,可以提高学生对课程的兴趣,培养了学生把所学到的理论与实践联系起来的能力,可以对书本上的理论知识有更加直观深刻的理解。

五、主要结论与建议

通过以上的内容我们了解到视频案例是一种将文本、图像、声音、视频和动画等多种媒体形式合为一体的案例形式,与传统的案例相比,它给师生提供了一种新的教与学的体验,视频案例因其跨时空性、情景再现以及可灵活截取等优势,受到师生青睐,促进教研方式改革,提高教研效果。

但是笔者通过调研以及总结现有的文献发现目前对于视频案例教学的应用依然大多集中在对某个学科的分析上,而对于普遍的方法论研究比较缺乏。目前大部分的高校教师还是会选择使用传统案例进行教学,视频案例在教学中并没有得到普遍应用。并且在采用视频案例作为教学工具的课程中所采用的视频案例基本上都是以国外企业的案例为主,反而缺少具有中国特色的原创性的本土企业案例。同时视频案例的形式也大多数是片段化的影视作品、时事新闻或者知识科普类视频,缺少相对完整的与学生所学理论知识相关性较高的实务型视频案例,这样就不能帮助学生对所学知识进行深入了解和准确把握,不利于学生通过视频案例将所学知识与实践完美结合起来。针对这些问题,笔者提出如下几点建议:

(1)视频案例为师生们提供了一种商学院课堂教学的新模式,也是一种混合式案例教学。教师在进行系统教学设计时需要灵活巧妙运用、结合教学目标、发挥体验式视频优势,充分提高学生学习的主动性,提高学生的思考能力,激发学生的创新意识,从而大幅提高教学效果和教学效率。

(2)应推动基于企业管理实践的特色视频案例教学模式的应用。视频案例教学方式突破了传统的文字、口述模式,将视频案例与文字案例充分融合,有利于发挥高校教师的学科理论研究优势。

（3）重视视频案例制作。因为现在在视频案例教学中面对的一个比较大的难题就是视频案例比较少，缺少具有本土特色的企业案例，不能很好地与教学内容相联系，因此视频案例的制作是在视频案例教学应用中必须得到重视的一个方面。

视频案例的制作可以用以下几种方法：第一，多渠道地收集鲜活的教学视频案例。优酷视频、腾讯视频、CNTV 等平台都有比较好的视频案例。第二，教师自己制作有价值的视频案例。除了通过视频网站下载和收集鲜活的教学视频案例外，教师和学生还可以小范围地制作有价值的营销视频案例。主要工具有 MemoriesOnTV、会声会影、Focushy。第三，通过众包方式或与学生合作的方式完成视频案例的制作。教学中，作为教学手段之一的视频案例绝对不是孤立的，教师还可将它与别的教学手段（文本案例/口述案例、背景音乐、情景短剧等）进行有效的整合，以便通过取长补短的方式达到提高营销教学效果的目的。第四，为教师配备专业化的团队，制作完成视频案例。之所以应用推广存在问题，主要来自于教师制作案例的难度，可以通过组建跨学科的案例教学团队来进行视频案例的开发与教学设计。

综上所述，通过实验笔者发现，视频案例的教学效果还是值得期待的，相信通过各科专家学者的共同努力，我们可以开发更多的具有中国特色的、适合中国教学的视频案例，使得视频案例在教学中得到普遍应用，取得更好的教学效果。

主要参考文献

[1] Barnett C., Tyson P. A. Facilitating Mathematics Case Discussions While Preserving Shared Authority [R]. Paper presented at the Annual Meeting of the American Education Research Association, New Orleans, 1994.

[2] Merseth K. K. Cases and Case Methods in Teacher Education [A]. In Sikula, J. (Ed.), Handbook of Research on Teacher Education: A Project of the Association of Teacher Educators [C]. New York: Macmillan Library Reference, 1996.

[3] 郭颖梅. 基于 STPR 模式的组织行为学教学改革 [J]. 管理观察, 2008 (6): 131 – 132.

[4] 何克抗. 建构主义——革新传统教学的理论基础 [J]. 电化教育研究, 1997 (3): 3 – 9.

[5] 李巍, 席小涛. 视频案例教学及其应用策略分析 [J]. 兰州教育学院学报, 2013, 29 (9): 63 – 64.

[6] 林安民. 视频案例在"思想道德修养与法律基础"课教学中的探索 [J]. 思想理论教育导刊, 2015 (4): 102 – 104.

[7] 王易. 改善"思想道德修养与法律基础"课教学效果的积极探索 [J]. 思想理论教育导刊, 2014 (7): 110 – 111.

[8] 危玉妹, 危薇. 视频案例教学: 法律教学的新突破 [J]. 福建师范大学学报（哲学社会科学版）, 2006 (6): 175 – 178.

[9] 温韬. 谈视频案例在营销教学中的运用 [J]. 江苏商论, 2014, 10: 15 – 17.

[10] 吴敏英, 余华. 关于大学生思想道德和法律素质培养的思考 [J]. 思想理论教育导刊, 2012 (11): 48 – 50.

[11] 武亚军,孙轶. 中国情境下的哈佛案例教学法:多案例比较研究 [J]. 管理案例研究与评论, 2010, 3 (1): 12–25.
[12] 小劳伦斯·E. 列恩. 公共管理案例教学指南 [M]. 北京:中国人民大学出版社, 2001.
[13] 赵曙明,于静静. 视频案例教学在管理学课程教学中的应用探析 [J]. 管理案例研究与评论, 2012, 5 (4): 315–322.
[14] 郑金洲. 案例教学指南 [M]. 华东师范大学出版社, 2000.

工科院校本科会计学专业教育研究述评与展望*

张月玲　王晓菁　李少君①

摘　要　工科院校会计学教育是高等教育的重要组成部分，工科院校具有不同于财经院校、综合性大学的特质。经济越发展、会计越重要。我国工科院校会计学本科教育不同程度存在着教育理念落后、培养目标不明确、教学改革缓慢、人才培养模式单一、教育功利化、培养的人才与市场需求脱节、教育研究成果不高等问题。借鉴发达国家的经验，转变会计教育理念，从教学方法、手段、培养模式、优化师资队伍等层面进行改革，实现实践型、能力型、复合型、创新型的人才培养目标。同时，加强会计教育研究，并提升教育研究的水平、提供更多研究成果交流的平台。

关键词　工科院校；本科会计学；教学改革；能力培养；创新

一、引言

经济越发展，会计越重要；会计要发展，教育是关键。工科院校具有与财经类院校、综合性大学不同的特质。几乎每所工科院校都设有会计学专业，工科院校会计教育是我国高等会计教育的重要组成部分。中国会计学会也专门设有高等工科院校委员会。实践表明，科技在广泛交叉和深度融合中不断创新，我国与发达国家的现有差距主要体现在"创新能力"上（习近平，2015）。会计学的创新需要要素驱动，可通过高等会计教育培养创新型人才来实现。本文试图从会计学教学改革、人才培养模式、创新能力培养等层面，梳理国内外关于工科院校的研究成果，总结出在教学中值得学习借鉴的方面，以便于克服不足，更好地促进工科院校高等会计教育的发展。

2017年2月10日17∶27，在知网中输入"工科院校会计学"主题词，搜索的结果共

---

* 基金项目：本文为2016年山东省本科高校教学改革研究立项课题（项目编号：Z2016M004）、2016年山东科技大学教学改革课题（项目编号：JG201608）"工科院校会计学本科人才培养模式创新研究"及山东科技大学"会计学"课程群教学团队（项目编号：JXTD20170504）阶段性成果。

① 作者简介：张月玲，女，山东济南章丘人，山东科技大学经济管理学院会计系教授，系主任，博士（后），美国伊利诺伊大学香槟分校会计学高级访问学者（2012.8~2013.8）。

13条文献,时间跨度从2006年至2017年,其中有2条文献关联度不高。由此可见,此方面的研究相对薄弱。

二、国外研究述评

会计是"对生产过程的控制和观念的总结"(马克思),是以货币为主要计量单位,利用确认、记录和报告等专门的方法,反映经济活动的增减变动过程及其结果。13~14世纪意大利借贷记账法的发明,使得会计在经济发达国家备受重视,继而全球传播使用,会计教学的研究、改革也成果颇丰。

(一)关于教学改革研究

Albrecht和Sack(2000)指出,美国高校也存在会计毕业生与社会供需之间的矛盾及会计教育课程内容过于狭窄和过于关注技术规则、忽视职业能力尤其是通用能力的训练等问题。会计教育研究者和实践者更相信会计教育应以能力和素质为先。

Penne Ainsworth(2001)提供了一个促进会计课程改革和有关教学方法和课程开发的模式,以满足未来会计专业人士的需求,并从学术界和专业界对会计教育的变化进行了分析,得出会计教育作为一个整体仍需改革的结论。

Joel Amernic和Russell Craig(2004)就安然事件的发生对美国会计教育的影响及如何走出所带来的阴影进行研究,提出会计教育的三大问题:会计的政治思想本质问题;在会计课程中话语的"贫困";如何更好地理解会计史。同时,他们还提出了会计教育改革的议程,包括阅读和思考前辈杰出的知识对会计学科以及人们生活的影响等。

John Burns等(2004)通过研究管理会计在英国的发展历程以及管理会计师的角色转变,提出需要进行深入的教学改革,重视定向教育和培训新型会计人才。由于英美传统的管理会计师在日本和德国等都不适用,进而提出会计行业必须寻找更大的持续参与的高等教育机构,特别是在某一区域以及某一运营水平上。此外,还呼吁在教育、质量体系评估系统中涵盖教学大纲主题的改革,从而激励高校教学创新。

Wyhe(2007)认为,基于社会重视毕业生的全面素质和专业能力并非专业知识,提出要根据用人单位需要和社会经济发展的趋势不断进行课程改革,聘请会计师事务所直接参与高校会计专业课程设置。

国际高等商学院协会(AACSB)提出含会计在内的商科教育应达到10个目标:有效的沟通能力、商业伦理、商学通识、批判性思维、有效的决策能力、解决问题的能力、整合不同商学专业知识的能力、全球性思维能力、团队能力、专业能力。可见,专业能力排在最后。

Carlotta等(2012)以2008~2009学年意大利所有大学的会计专业为研究对象,探讨如何在意大利的高等教育系统中使用会计信息系统和技术,以使关键用户通过有用的信息进行合理的决策。

综上所述,美国、英国、意大利等国家的学术界和实务界普遍认为,应重视会计课程、教学方法、教学模式的改革;改革管理会计课程教学,采用定向教育和培训等方式培养会计人才,实现为经济决策提供有用信息的会计目标。同时,强调思想品德对会计专业人才的重要性,提出将会计史纳入会计学课程体系,基于教学大纲进行教学创新改革。

(二) 关于人才培养模式研究

人才培养模式是在人才培养方面的做法样式,是可供学习和借鉴的行为集合。美国、英国、德国、加拿大、芬兰等发达国家高等教育的经验值得借鉴。

德国应用科技大学 FH 模式,即 "3+1" FH 模式是指大学四年中,前三年学习教学大纲所规定的课程,在第四年,根据专业方向培养学生进入企业实习并完成毕业设计和答辩。其课程体系分为基础课、专业课和专长课三种,其显著特点是以实用性为主导,理论课内容大多联系企业案例,实践课内容也紧紧围绕地方的需求设立。实施 "3+1" 人才培养模式的目标是 "夯实基础、强化专业、注重实践、增强能力、提高素质、顺利就业"。学生的实习、实践项目、毕业论文完成等融入企业实践中;教师通过合作科研、提供咨询、参与产品解决方案等服务于企业;学校则通过成立合作基地提高科研实力和服务能力。该模式已经发展得相当完善,培养应用创新型"桥梁式的职业人才"。

芬兰多科技学院人才培养模式,其特点:一是面向市场需求设置专业和课程;二是重视校企合作。目的是为企业输送高级技术人员和管理人员,强调能力导向培养人才。

加拿大的 CBE (Competency Based Education) 模式是目前国际上比较流行的一种为社区培养应用型人才的新型教学模式,现主要流行于美国、英国、澳大利亚等发达国家。以岗位胜任为出发点,在调研的基础上确定人才培养目标,依据岗位需求制定专业培养方案和课程体系,突出实践教学,以职业能力的培养作为实践教学目标和评价标准,学生毕业后直接在社区工作。

英国 "三明治"模式,即实践—学习—再实践,要求学生首先在企业实习,实习结束后回到学校完成 2~3 年的学业,然后再重返企业进行更为深入的实践,注重理论联系实际。现已形成了较完善的政府、企业、学校相互协作的运行机制。

美国耶鲁大学校长 Richard Charles Levin (2010) 指出,应改变教师讲、学生听的单一教学模式,探索一种让学生能够挑战彼此、挑战教师的全新教学模式,培养学生的主动思维能力。

牛津大学校长 Andrew D. Hamilton (2010) 提出,开设小班制对本科生进行独立的学习和研究训练,每周进行几小时、一对一或者是一对二的教学,针对性强,能使得学生养成自我学习、自我激励的习惯。这种导师制,是牛津大学的优势所在,宁可舍弃建大楼也绝不放弃昂贵的导师制。另外,提出通过丰富多彩的第二课堂培养学生多种能力,并认为校园社团活动非常重要,包括戏剧、音乐、体育等,有助于学生拓展新技能,引发不同于本专业的兴趣,从而培养学生创新性思维。

斯坦福大学校长 John Hennessy (2010) 认为,优秀的教师队伍至关重要。在斯坦福大学每一个学科、每一个课程都对学生对教师的满意度进行调查,以此作为教学改革的参考依据之一。

上述人才培养模式及世界顶级大学校长等,都提到重视实践教学,强调以职业教育、市场人才需求为导向,加强校企合作,尤其是耶鲁大学、牛津大学办学各具特色。基于创新能力导向培养学生,创新培养是耶鲁大学的一大特色。牛津大学的小班制、导师制教育模式举世闻名,即使财务困难也坚守,还强调了通过社团第二课堂形式,促进培养学生的创新思维和能力。同时,重视教学管理,通过学生的满意度调查,评价教师的胜任能力等。

(三) 关于创新及复合型人才培养

创新的概念由美籍奥地利经济学家熊彼德在 20 世纪初提出,将创新定义为"新的或重新组合的或再次发现的知识被引入经济系统的过程"。

美国国家科学基金会 (NSF) 报告《1976 年:科学指示器》,将创新定义为"是将新的或改进的产品、过程或服务引入市场",并明确地将模仿和不需要引入新技术知识的改进作为最终层次上的两类创新而划入技术创新定义范围中。

20 世纪 50~60 年代就已开始提出培养复合型人才,美国哈佛大学明确提出要培养国家的领袖人物,而不只是专业人才;日本提出建立一种"社会理工学",把不同学科合并成一个学科来培养复合型人才。

20 世纪 70~80 年代开始,有关创新的研究进一步深入,开始形成系统的理论。厄特巴克 (J. M. Utterback) 在 70 年的创新研究中独树一帜,在 1974 年发表的《产业创新与技术扩散》中认为,"与发明或技术样品相区别,创新就是技术的实际采用或首次应用"。

弗里曼 (Freeman) 把创新对象基本上限定为规范化的重要创新。他从经济学的角度考虑创新。他认为,技术创新在经济学上的意义只是包括新产品、新过程、新系统和新装备等形式在内的技术向商业化实现的首次转化。

如今创新的内涵已经延伸到社会领域,欧盟 (1995) 提出创新是指在经济和社会领域内成功地生产、吸收和应用新事物,它提供解决问题的新方法,并使得满足个人和社会的需要成为可能。

美国耶鲁大学校长 Richard Charles Levin (2010) 在第四届中外大学校长论坛中指出,比广博的视野更重要的是,学生应该有能力去接受知识,运用知识重新评估已有的结论并得出新的结论。中国学生把注意力放在对于知识要点的掌握上,不去开发独立和评判性思维的能力。这样的模式对于培养流水线上的工程师或者中层的管理干部可能有用,但如果要培养具有领导力和创新能力的人,那就不足了。要培养创新人才,中国的教育体系要鼓励学生能够进行创造性的、独立的思维。目前,中国大学的本科教育缺乏两个非常重要的因素:第一,就是缺乏跨学科的广度;第二,就是缺乏对于评判性思维的培养。

在美国教育史上曾起过重要作用的《耶鲁大学报告》(1928) 中提出:"头脑的纪律和头脑的家具之间的区别。"学生获得专业知识就像头脑中被装进一个家具,但是现代社会科技日新月异,知识更迭迅速,家具很快被淘汰。成功的人才培养应该是教会学生头脑中有纪律即思考的框架。培养了思考能力就能应对不断变化的环境,具有解决新环境下问题的能力。而且能够获取新的知识,养成善于独立思考、勇于挑战已有结论、敢于修正自我的习惯。

上述文献表明，要培养学生的创新能力，首先必须培养思维方式，启发学生主动思考、敢于提出不同的观点，从不同视角、360度方位看问题，善于运用批判性思维，并注意学习交叉学科的知识和通识课程的学习，为创新、不同知识的交互碰撞奠定宽厚的知识和必要素养。现代技术的不断发展，需要具有不同的知识背景、易于转型的复合型人才。

三、国内研究述评

（一）关于实践教学和教学方法改革

张丽（2017）对我国高校会计学专业实践教学环节进行剖析，指出在课程设置、教材选择、考核评价方面存在问题，提出将实践教学贯穿于每个学期的教学中，要及时更新完善选择的实践教材，并建立对学生和教师的考核评价机制。

王旋（2016）认为应用型本科院校的会计专业技能更多体现于"软件能力"，并就"应用能力"提出"三阶段技能递进式"会计学人才培养模式，基于阶段提升会计学专业人才的应用能力。

林丽、刘东辉（2016）对慕课（MOOC）进行SWOT分析，提出借鉴慕课的教学理念，精巧设计课程、创设会计实践教学环境、拓展教学方式、即时互动以及创新考试方式。

于莹（2016）提出将基于问题的PBL教学方法引入会计学专业的教学改革，重视对学生引导专业入门知识、合理安排授课人数、精心设置教学内容并分组讨论、回收教学反馈以及制定激励措施。

杨孙蕾、胥朝阳（2014）以《会计学基础》课程为例，总结出针对大学新生的三种有效教学策略：提供真实学习情境、引导学生自主学习及实施探究式学习。

胡晓（2013）认为，我国大多数工科院校的会计学专业起步较晚，会计学科体系建设还很不完善，特别是会计实验教学，从课程设置、教学内容、投入力度上还不能满足高质量会计教育的需求，应该进行反思和改进。

田巧娣（2007）提出整合高等工科院校会计学系列实验课程的教学内容，并构建"三位一体"的会计实践教学体系。

上述所及，主要观点包括强化实践教学、将实践教学融入课程教学中，注重技能培养。基于问题导向开展教学研究，重视授课策略，改革教学方法，利用慕课等改进教学手段，以培养应用型人才为目标。

（二）关于课程改革

张新民、祝继高（2015）指出，高校的会计学本科专业的核心课程名称、课程内容甚至于授课教师基本处于长期稳定状态，这种稳定所导致的教学质量的必然稳定不仅没有成为会计学本科课程的独有竞争优势，反而经常成为学生和用人单位诟病的对象。这说明，现行高校会计学本科专业核心课程建设质量与教学质量体现出的稳定并不是一种符合经济社会发展和人力资源市场要求的高质量的稳定。以拥有工商管理（一级学科）国家重点学科或者会计学（二级学科）国家重点学科4所高校：东北财经大学、厦门大学、中山大学、中国人民大学为例，研究发现会计学本科专业核心课程设置从结构到内容均存在着显著缺陷，课程基本框架和指导思想长期处于稳定状态。会计学本科生培养（包括专业课程设置）与市场需求明显脱节。为此，提出优化初、中、高级财务会计课程的名称及内容，协调管理会计与财务管理课程之间的内容等；从理论水平、实践能力和创新能力三方面加强教师培训建设。通过提高理论基础水平，促进专业知识和相关知识的深度和广度拓展；通过实习、挂职、调研、参与管理决策、案例分析与研讨等提高实践能力；在理论素养和实践能力提高的基础上，再加上勤于思考，勇于探索，实现会计专业研究和教学研究的创新。还强调健全评价机制，处理教学与科研的关系，抓住时机做好教学研究，确保教育质量。

概括而言，两位专家的核心思想是改革会计学本科专业核心课程，打破课程体系和教师的静止不动，实现课程体系的优化和师资水平的提高，通过动态上升式改革，提升会计学本科教育质量，培养符合市场需要的人才。

（三）关于能力与创新能力培养研究

周鲜华等（2017）从"大会计"背景出发，结合社会对复合型人才需求，提出会计学跨专业培养人才，并利用"互联网+慕课"对"1+2+1"的跨专业能力培养模式进行整合设计。同时为实现跨专业能力培养，进行课程及教师的角色定位。

王艳（2016）利用主成分法研究会计教育理念对经管类非会计专业人才培养的作用机制。研究表明，会计教育理念的三个维度均对个人创新能力与学科知识转移效果有明显正向影响。

张付芝、刘莹（2014）提出应通过制定明确的课堂管理规定保证课堂纪律、调动教师参与教学的积极性、加强教学研究及教学团队建设、加强精品课程建设和在线学习网站建设、建立研究生助教制度、建立学生作业互评模式等来保证大班授课质量，达到高等院校教育的培养目标。

邵瑞庆、张维宾（2013）认为，高等学校理工类专业的产学研合作教育已经比较普遍与成熟，而会计等财经类专业的产学研合作教育仍处于探索阶段。尽管《会计行业中长期人才发展规划（2010~2020）》把推动会计行业产学研战略联盟作为会计专业人才队伍建设的主要政策措施之一，但如何构建能够促进会计人才培养的会计产学研战略联盟仍是需要通过实践来予以解决的问题。

李亮（2011）通过剖析会计人才的供求现状、原因以及工科院校会计教育状况，提出工科院校应将培养目标定位于培养具有工科背景为特色的厚基础、宽口径、应用型会计专门人才。面向社会需求优化课程体系，改革教学模式，更新教学内容；加强实践教学环节，提高学生解决实际问题的能力等。

林志军（2004）提出，传统单一的会计教育必将被商业、管理科学及其他社会或人文学科相结合的多学科教育所取代，以培养学生的技能素质。

上述研究表明，应加大通识教育比重，提升素质技能。定位工科背景办学目标，"宽口径、厚基础"培养人才，以应用型为培养目标，进行课程体系、教学模式等改革。突出工科院校产学研相结合的优势，培养较强的实践能力和创新能力人才。扩招带来的合班授课的弊端应加强管理，确保课堂教学效果。单一专业缺乏竞争性，应基于教育理念培养创新能力，基于能力导向、社会需要，培养具有跨专业、宽厚知识的综合型人才。

（四）关于复合型人才培养研究

王梅生、徐丽（2015）立足于社会复合型人才的需要，提出法学会计学复合型应用人才的培养模式，在培养目标、课程设置、教学模式等改革，注重法学及会计学基础能力的培养，引入 MOODLE 的线上与课堂学习的混合式学习模式，深化高校教育教学改革。

岳中心、张超（2014）提出侧重复合型人才培养，以工科院校为切入点，分析"软件工程 + 会计学"的教学模式。进一步从提升专业认知、加强校企合作、培养交叉学习能力及加强基础知识能力等方面提出新的培养思路。

潘柳燕（2001）提出复合型人才培养模式既不同于通才教育培养模式，也不同于专才教育培养模式，它使本科生获得本专业以外第二甚至第三专业的基本知识和基本技能，成为能适应跨专业、跨学科工作和研究的复合型人才。

2001 年南开大学开设"经管法试点班"，是教育部批准实施的旨在培养"经济、管理和法律"国际化复合型人才。还有 20 世纪 80 年代初，工科院校培养的具有工科知识背景的企业管理师资，也是典型的培养复合型人才。在第一专业采矿、地质、机制等基础上，选择学生组建实验班进行教改试点，培养既懂得工科技术，又掌握管理方法的复合型高级人才。

上述所及，认同采矿 + 会计、地质 + 会计、机制 + 会计、软件工程 + 会计、法学 + 会计等跨专业、学科交叉培养复合型人才。这样，既具有工科知识背景，又掌握经管、会计等专业知识，满足社会对复合型高层次人才的需要。

（五）关于人才培养模式研究

章勇、余咏秋（2017）针对设有会计学专业的 400 余所工科院校的办学资源特征及存在的问题，提出"抑数量重质量，坚持行业特色型办学，差异化人才培养，不断积累学科资源、提升办学层次"的人才培养战略定位，并从专业设置、教学方案、课程设置及师资力量等方面阐述了具体实现路径。

范涤（2017）从培养目标、课程设置及教学方式三方面将美国和澳大利亚高校与我国三所独立院校的人才培养方案进行对比，研究发现我国独立院校认识到复合型及应用型人才的重要性，并基于课程设置上培养综合能力，加大通识课程比重；摒弃传统"填鸭式"教学法推行"雅典式"及"翻转课堂"模式，积极与国际接轨，并注意人才培养模式改进要循序渐进，不可一蹴而就。

陈默（2017）基于建设创新型国家的视角，认为会计学专业人才应精通会计信息化能力，具备一定的国际视野及突出的实践创新能力。同时，提出通过制定科学的人才培养目标、优化专业课程及加强"双师型"教学队伍建设等，解决高等会计人才供需失衡的问题。

殷俊明（2014）针对现实环境对会计人才的需求，基于职业成长的动态能力结构需求和两缺口模型的会计人才培养质量分析框架，构建创新型会计人才的能力结构与支持体系。

程翠凤、卢新国（2014）认为，与综合性大学及财经院校相比，地方工科院校的会计学专业一般不占优势。因此，要持续发展地方工科院校会计专业必须转变办学理念，改革和创新人才培养模式，全面提高人才培养素质。

何玉润、李晓慧（2013）指出我国高校会计教育亟待解决4个方面的问题：培养的会计人才不符合社会需要；学生注重考试考证、缺乏独立思考和批判能力；已经侧重通识教育和实践教学改革，但效果不理想；会计教育功利化，专科、本科、硕士各层次教育趋同，过多关注会计专业知识和技能的培养等。基于对美国哈佛大学、普林斯顿大学、纽约城市大学、宾夕法尼亚大学、麻省理工学院、耶鲁大学、康奈尔大学等10所著名高校的实地调研，总结出美国高校会计学专业人才培养的4个方面的主要特征：一是通识教育为学生搭建起毕业后面临现实选择的桥梁。课程体系中，通识教育包括人文、音乐、艺术、外语、写作、美术、自然科学、体育等10门课，必修课一般6门，学分不得超过总学分的一半。二是会计学专业特色课程缔造学生不可替代的专业素养。模块化、多元化，教师讲授能力达到CPA和CMA的高要求，注重课堂学习与职业能力的衔接，重视案例教学、项目化教学，帮助学生整合梳理专业知识，形成理论框架。三是教学活动丰富多彩，促进学生尽早接触专业并积累研究经验。导师指导本科生研讨计划；集学术旅游、学术报告、课题研究等于一体的小学期教学；提供校内实习与实践机会等，使学生分享到各种体验，把知识转化成能力。四是要引导学生建立自我管理机制，以奠定培养优秀人才的基础。全面及时到位地引导学生；宿舍、课程、专业的选择权在学生手中，不同学科、专业的学生可以住在一起，实行完全的学分制；学习管理、成绩管理责任学生自己承担，严格的课程管理和考核制度，违规成本极高，养成诚信的良好习惯等。同时，提出我国会计教育应该在4个方面进一步完善：一是以社会需求为导向，以培养能力为根本，形成递进的人才培养体系。二是以递进的会计人才培养目标为核心，动态调整和优化课程体系。三是以点播智慧为基础、以唤醒创新为核心，完善各具特色的通识教育体系。四是以强化责任和自我管理为中心，落实"以学生为中心"的学生管理模式。

王青林（2013）根据对人才培养提出的多样化需求，提出创新应用型本科人才培养模式应该做到更新教育教学理念，确立"应用"主导的培养目标，推进教学方法改革；坚持以社会需求为导向，进一步优化专业结构；围绕专业能力培养，科学调整课程体系和教学内容，构建实践教学体系，加大实践教学改革；发挥产学研合作育人功能，培养学生综合应用能力。

廖果平等（2012）针对拔尖创新型、复合型和应用型会计专业人才等的培养需要，提出从建立服务工科行业及地方经济的应用型人才培养定位，建立与市场需求紧密结合的应用型人才培养模式，根据人才培养目标构建系统的实践教学体系，着重培养学生的应用能力等。

叶晓玲（2011）通过分析工科院校应用型本科会计专业人才的培养模式单一、课程体系设置特色不突出，学生实践能力较弱，"双师型"教师不多的现状，提出构建工科院校应用型本科会计专业人才培养模式。

何牧等（2010）基于人才培养模式和应用型本科教育的内涵，提出应用型会计本科人才的培养目标应定位为：以满足社会需求为导向，培养面向市场经济中企业和组织需求的具有开拓精神和创新意识、良好的职业道德、相关的专业知识并掌握学习技能的高素质应用型会计人才。

磨玉峰、王文辉（2009）认为，社会需要具有工科知识和技能的复合型管理人才，提出采取以"宽口径、厚基础型"为主的综合兼容模式，深化工科院校经济管理专业教学内容和课程体系的改革，实现培养复合型人才、应用型人才的目标。

段小法（2009）从改革会计专业主干课程教学计划、加强精品课程及优秀课程建设、开展创业教育、加大"双师型"师资队伍建设等论述高校会计学专业应用型人才培养方案。

上述专家学者认为，应该以应用型、复合型，满足市场需求、多元化人才需求、综合能力等为培养目标，我国工科院校会计教学存在教育功利化、培养规格趋同、"双师型"教师不足、工科特色丧失、课程设置不合理、通识教育比重偏低、重考轻证的思维能力培养等问题。借鉴美国等世界名校的经验，应转变办学理念，优化课程体系，结合社会需要设置具有工科特色的课程，强化"双师型"教师培养，注重产学研结合，强化通识教育、学生自我管理等，创新人才培养模式。基于需求导向培养多元化人才，培养具有应用能力、创新能力的综合性人才。

（六）关于会计教育理念和会计教育研究期刊

栾甫贵（2013）认为，会计教育中重"教"轻"育"是长期以来的重要问题之一，其主要原因在于对会计教育理解的狭窄和会计教育理念的模糊与混乱。从会计的经济、管理、文化、信号、哲学等性质论证入手，探讨会计教育的含义，梳理对会计教育理念关注的内容，提出会计教育理念的概念及其内涵、外延，构建会计教育理念的内容框架，分析现行会计教育理念中的问题、误区及对策，倡导辐射性教学模式。

刘慧凤、姜苏娱（2015）对我国2009～2013年核心期刊发表的213篇会计教育研究文献进行分析，并从会计教育研究的供需比较和中外比较两个视角，评述我国会计教育研究现状。研究发现，核心期刊发表的论文占全部论文的22.4%，《财会通讯》等5份会计刊物发表了约68%的会计教育论文。会计教育研究文献集中9个主题，91.55%论文采用规范研究，其余论文采取了调查研究或例证方法。在研究选题、研究方法和研究质量上有很大的改进空间。

上述研究，提出要重视会计教育理念的研究，协调好"教"与"育"的关系，厘清会计教育理念的本质，促进会计教育研究。与会计业务研究相比，会计教育研究相对薄弱，研究成果发表的期刊档次不高，在选题、研究方法等方面需要提高，且可供发表的期刊较少等。

四、研究评述与展望

(一) 总体评述

通过上述的研究,我们对工科院校会计学教学改革的必要性,以及人才规格从知识型向能力型转变的重要性。研究涉及工科院校本科会计学的教学改革、人才培养目标的设置、人才培养模式设计、复合型人才培养、创新能力培养、实践教学、现代化教学手段的应用等。其中,教学改革包括教学方法、课程设置、教学手段等,如改填鸭式教学为启发思维式及 PBL、会计核心课程的动态优化、引入慕课等。会计人才培养目标包括了培养应用型的、复合型的、能力导向型的、符合社会需求型的人才等。会计人才培养模式包括耶鲁式、牛津式、FH 式、实践—理论—再实践、教师中心式、学生中心式、定向培养式等。所采取的技术手段包括教学大纲的改革、师资队伍的建设、国际经验的借鉴、小班制授课、"工科专业+会计"的双专业或跨专业培养、产学研结合等。另外,会计教育理念急需改进,会计教育研究数量和质量仍有很大的提升空间,会计教育研究成果的发表期刊需要增加。

(二) 研究展望

会计是历史范畴,也是经济范畴。发达国家的经验值得借鉴。我国的高等教育在近40年发展中,已经取得了很大进步。但是,扩招带来的教育大众化、教育质量滑坡、教育功利化、培养的人才与市场需求脱节等问题,在工科院校会计学教育当中也普遍存在。会计本就是生产职能的附属部分而工科院校相比财经类院校、综合性大学有更直接的与生产联系、结合的机会,有更便利的条件建设好会计学专业,可以培养出更多具有工科背景特色的、应用型+创新型的高级人才。教而不研则浅,要转变会计教育理念,需要加强会计教育研究,并为研究成果提供更多的交流的报刊媒介。

主要参考文献

[1] Carlotta del Sord, Rebecca L. Orelli, Emanuele Padovan. Accounting practices in Italian higher education system [J]. Economic Research – Ekonomska Istraživanja, 2012, 25 (3): 825 – 845.

[2] Christopher Freeman, Luc Soete. The Economics of Industrial Innovation [Third Edition] [M] (1997). London; New York: Routledge.

[3] James M. Utterback. Innovation in Industry and the Diffusion of Technology [J]. Science, 1974, 183 (4125): 620 – 626.

[4] Joel Amernic, Russell Craig. Reform of Accounting Education in the Post – Enron Era: Moving Accounting "Out of the Shadows" [J]. Abacus, 2004, 40 (3): 342 – 378.

[5] John Burns, Trevor Hopper, Hassan Yazdifar. Management accounting education and training: putting

management in and taking accounting out [J]. Qualitative Research in Accounting and Management, 2004, 1 (1): 1 - 29.

[6] Penne Ainsworth. Changes in accounting curricula: Discussion and design [J]. Accounting Education, 2001, 10 (3): 279 - 297.

[7] Science Indicators, 1976: Report of the National Science Board. National ScienceFoundation, Washington, DC. National Science Board.

[8] 陈默. 创新型国家建设视域下的会计学专业人才培养模式分析 [J]. 中国高新区, 2017 (4): 69 - 70.

[9] 程翠凤, 卢新国. 地方工科院校会计专业实践教学体系新探——基于毕业生实践与创新能力导向的思考 [J]. 财会通讯, 2014 (7): 41 - 43.

[10] 段小法. 高等学校会计专业应用型人才培养的再思考 [J]. 财政监督, 2009 (20): 35 - 36.

[11] 范涤. 会计人才培养模式的比较研究——以外国高校和中国独立院校为例 [J]. 中国市场, 2017 (17): 176 - 178.

[12] 何牧, 刘东辉, 季秀杰, 张弘强. 应用型本科会计专业人才培养模式改革研究 [J]. 哈尔滨金融高等专科学校学报, 2010 (4): 65 - 66.

[13] 何玉润, 李晓慧. 我国高校会计人才培养模式研究——基于美国十所高校会计学教育的实地调研 [J]. 会计研究, 2013 (4): 26 - 31 + 95.

[14] 胡晓. 工科院校会计专业实验教学研究——基于30所工科院校会计学实验课程设置的调查 [J]. 财会通讯, 2013 (4): 39 - 41.

[15] 李亮. 会计人才培养与会计教育改革问题研究——基于工科背景高校本科会计教学的若干思考 [J]. 时代教育 (教育教学), 2011 (7): 209 - 210.

[16] 理查德·莱文. 通识教育在中国教育发展中的角色 [J]. 国家教育行政学院学报, 2010 (7): 8 - 10 + 77.

[17] 理查德·莱文. 中国大学最缺对评判性思维的培养 [J]. 教育与职业, 2011 (10): 68.

[18] 廖果平, 赵红梅, 王卫星, 王文华. 工科院校会计本科专业人才培养特色化分析 [J]. 会计之友, 2012 (15): 113 - 114.

[19] 林丽, 刘东辉. "慕课"背景下会计学课程教学改革与创新 [J]. 商业会计, 2016 (16): 114 - 116.

[20] 刘慧凤, 姜苏娱. 我国会计教育研究文献评述——基于比较研究视角 [J]. 会计研究, 2015 (6): 80 - 86 + 97.

[21] 栾甫贵. 论会计教育理念 [J]. 会计研究, 2013 (4): 20 - 25 + 95.

[22] 磨玉峰, 王文辉. 工科院校经管类专业人才培养模式研究 [J]. 经济研究导刊, 2009 (2): 224 - 225.

[23] 潘柳燕. 复合型人才及其培养模式刍议 [J]. 广西高教研究, 2001 (6): 51 - 54.

[24] 邵瑞庆, 张维宾. 会计产学研基地建设的探索与启示 [J]. 中国高等教育, 2013 (12): 57 - 59.

[25] 唐景莉, 万玉凤. 中国著名校长对话耶鲁掌门——要鼓励大学生进行创造性思维 [N]. 中国教育报, 2010 - 05 - 03 (001).

[26] 田巧娣. 高等工科院校会计学专业实践教学体系构建 [J]. 会计之友 (下旬刊), 2007 (5): 59 - 60.

[27] 王梅生, 徐丽. 财经类本科院校法学与会计学人才培养模式研究 [J]. 经济师, 2015 (3): 222 - 223.

[28] 王青林. 关于创新应用型本科人才培养模式的若干思考 [J]. 中国大学教学, 2013 (6): 20 - 23.

[29] 王旋．"三阶段技能递进式"会计学专业人才培养模式探究［J］．中国商论，2016（32）：187－188．

[30] 王艳．会计教育理念与创新能力培育——基于经管类非会计专业会计教育的视角［J］．会计研究，2016（2）：89－94＋96．

[31] 杨孙蕾，胥朝阳．面向大学新生的教学策略探析——以《会计学基础》课程为例［A］．中国会计学会会计教育专业委员会．中国会计学会会计教育专业委员会2014年年会暨第七届会计学院院长论坛论文集［C］．中国会计学会会计教育专业委员会，2014：4．

[32] 叶晓玲．论工科院校应用型本科会计专业人才的培养模式［J］．黑龙江高教研究，2011（2）：169－171．

[33] 殷俊明，杨政，宋雅琴．高等教育大众化阶段创新性本科会计人才培养探索［J］．财务与会计，2014（5）：37－39．

[34] 于莹．PBL教学模式下会计学专业教学改革及评价研究［J］．黑龙江教育学院学报，2016，35（10）：60－62．

[35] 岳中心，张超．工科背景下复合型会计信息化人才培养模式探究［J］．商业会计，2014（20）：120－121．

[36] 张付芝，刘莹．高等医学院校大班授课策略探讨［J］．浙江医学教育，2014，13（4）：1－3．

[37] 张丽．高校会计学专业实践教学改革研究［J］．经贸实践，2017（9）：242．

[38] 张新民，祝继高．会计学本科专业核心课程建设：突围之路［J］．会计研究，2015（8）：80－85＋97．

[39] 章勇，余咏秋．高等工科院校会计学专业行业特色型人才培养模式研究［J］．商业会计，2017（24）：110－114．

[40] 周鲜华，潘宏婷，沈云飞．会计本科人才跨专业能力培养模式研究——基于"互联网＋慕课"平台［J］．财会通讯，2017（28）：39－41．

实证研究方法训练营课程开发研究

程六兵　赵峰峰[①]

摘　要　会计研究方法是检验会计理论的基本工具，主要包括规范和实证研究两种形式。其中，规范研究往往关注"应该是什么"的问题，而实证研究主要回答"是什么"的问题，二者相互补充，对发展会计理论有重要作用。近些年来，实证研究受到了学术界广泛关注，也是研究生学习的重要内容，但对于本科生实证研究方法的普及还相对落后。在此背景下，本文介绍如何通过开展暑期夏令营的方式，提高本科生实证研究方法的水平，主要包括五方面内容：研究背景、需求分析、能力框架、课程大纲和训练方案。

关键词　研究方法；实证会计研究；课程开发

一、研究背景

方法论是人们认识世界、改造世界的一般方法，时刻保有方法论的意识是完成科学研究的重要基础，也是一种科学精神和素养的体现。刘玉廷（2000）将会计研究方法比作会计理论研究的"桥"和"船"，并由此提出会计研究方法对于会计理论研究的重要性：会计研究方法不仅是会计理论研究的前提，还是会计理论研究的组成要素，而正确运用研究方法是提高会计理论研究质量的必要前提。

实证会计研究的蓬勃发展和会计学者们对实证会计研究的愈发重视意味着实证会计研究的介绍要渗透在高校会计学科的教育中，从而引起更多会计、财务专业学生的广泛重视。因此，我们计划开设这门"研究方法训练夏令营"课程，通过研究方法，主要是实证会计研究方法的训练，让学生更深入地认识会计理论和会计研究。

（一）会计研究方法分类

一般来说，会计研究方法分为两种，一种是规范会计研究方法，另一种是实证会计研究方法。

[①]　作者简介：程六兵，男，博士，中国海洋大学管理学院讲师。赵峰峰，女，中国海洋大学管理学院硕士研究生。

规范会计研究方法是主要运用演绎法或归纳法，通过逻辑推理及复杂的数学关系，从而推出一般性结论的方法。运用规范研究方法的文章主要回答的是"应该是什么"的问题，其目的在于规范会计实务，主要用于描述，重视哲学性。

实证会计研究是为了研究会计领域中存在的问题，运用搜集和整理会计实践经验数据的方法，并依此展开理性思维的方法，它强调用经验的材料或证据辅佐证明既定的概念或命题假说的存在性或有效性（黎毅，2015）。实证会计研究关心的是"是什么"的问题，用于解释和预测，不涉及价值判断。与规范研究相比，实证会计研究更重视科学性。

从实证会计研究出现起，学界就对实证会计研究和传统的规范会计研究二者谁应该作为会计理论研究的主流方法产生了激烈的讨论。从我国会计研究的发展来看，规范会计研究与实证会计研究二者起步不一，发展不均。在20世纪90年代之前，我国会计理论研究主要以规范研究为主，但单纯运用规范会计研究容易使会计理论研究成为无法落地的"空中楼阁"，难以直接对会计实践产生指导作用。实证会计研究在我国的起步较晚，但发展迅速，现在国内外主流期刊发表的文章都以实证为主，但这不是说规范不重要了。规范与实证的研究目的不同，二者互为补充、相互依存，实证会计研究可以为规范会计研究提供经验证据，完成从实践到认识这一环节的工作，而规范会计研究择时发挥抽象思维能力，在实证会计研究的结果基础上，形成具有普适性的会计理论，完成从认识到新理论的过程，因此学界普遍的观点是，二者应和谐共处，将二者有机地结合起来提高研究方法的科学性（盖地、吕志明，2007）。

（二）实证会计研究的定义及范式

实证研究指的是研究者运用一种或多种研究技术，对研究对象进行大量调查，搜集并整理分析资料，从而为理论假设的提出或检验，提供证据所开展的研究。实证研究普遍具有科学性，其在研究成果的经验检验环节通常采用证伪主义思想。而实证会计研究就是将研究领域限定在会计、财务、审计或其他相关领域的实证研究。黎毅（2015）将实证会计研究定义为根据实际数据资料验证或发现某些会计行为、会计现象所蕴含的统计规律的方法。广义的实证会计研究主要包括实验室研究、实地实验、实地研究或案例研究、调查研究和档案研究。而狭义的实证会计研究多指档案研究（汤云为、赵春光，2001）。

李连军（2006）总结了实证会计研究方法的标准范式，提出实证会计研究从研究形式上看可分为：确认研究的问题、发展假说、设计研究程序、选取研究样本与收集数据、统计分析、解释结果并得出结论六个部分。

（三）实证会计研究的起源与发展

实证研究方法最初在实证主义哲学思想中起源，首先是19世纪三四十年代，以孔德和斯宾塞为代表的实证主义思想，它将哲学的任务总结为对现象的研究，从现象论观点出发，认为通过对现象的归纳可以得到科学定律。它把处理哲学与科学的关系作为其理论的中心问题，并力图将哲学融入科学之中。继而是以马赫为代表的经验批判主义思想，它强调经验的重要性，把感觉经验看作是认识的界限和世界的基础，认为作为世界第一性的东西既不是物质也不是精神，而是感觉经验。20世纪二三十年代，石里克等人提出逻辑实证主义思想，该思想以经验作为根据，逻辑作为工具进行推理，并用概率论来修正研究结果。再后来又产生了朴素证伪主义和精致证伪主义思想，这些证伪主义哲学就是实证研究方法的起源和前身。

会计界的实证研究分析，始于20世纪60年代末，以鲍尔和布朗发表的"会计收益数据的经验性评价"为起点，该文首先在会计领域使用了经验性研究的方法，即：先提出假设，再用数据分析的方法对其进行验证，开创了会计实证研究的先河。而1986年Watts和Zimmerman的《实证会计理论》一书的出版，成为美国实证会计研究正式形成的标志。

从20世纪80年代开始，实证研究逐渐被我国学者接受，并迅速得到发展和广泛采用，为研究和解决中国社会问题提供了良好的方法和途径。1988年，裘宗舜和王平的《会计改革的若干问题——一张有意义的社会问卷调查表》一文首次引入了实证研究方法，这篇文章采用社会问卷调查的方法，对如何认识会计法的作用、如何认识和改革现行的会计管理体制、如何增强会计人员对当前经济体制改革的理解等三方面内容做了研究。而沈艺峰1996年发表在《会计研究》上的《会计信息披露和我国股票市场半强式有效性的实证分析》以我国股票市场提供的数据和资料，沿用Fama的理论思路和霍思的实证方法，用"万申事件"和"宝延事件"来检验我国股票市场半强式有效市场假设，该文也是我国会计学界真正意义上的实证研究。此后，实证会计研究不断发展，目前国内权威期刊上实证研究文章的比重越来越大。

实证会计研究之所以在国内外都得到了空前的发展和兴盛，其原因主要有以下几个方面：一是有效市场假说和资本资产定价模型的提出使得有关资本市场的研究成为热点；二是企业理论、契约理论、代理理论、制度经济学等的发展为实证会计研究奠定了坚实的理论基础；三是计算机技术和数据库的升级进步为实证会计研究创造了良好的技术环境。

Watts和Zimmerman（1999）认为美国的实证会计研究主要是需求推动：首先是利益相关者为了维护自身利益而需要通过实证会计研究成果了解相关信息的信息需求；其次是教师为学生解释会计程序差异的教学需求；最后是政府制定政策时，各方人士需要用实证会计研究的结果来游说证明自己观点的正确性。汤云为和赵春光（2001）则认为我国的实证会计研究的发展主要由供给推动，如资本证券市场的发展、数据的完善和丰富、各个学科间的互相融合以及复合型背景的年轻学者的加入等，这些都为实证会计研究的深入和丰富提供可能并降低了成本。

（四）实证会计研究的意义及问题

对于中国会计理论界而言，实证会计研究的兴起能够丰富中国会计理论的研究方法，还能培养具有国际化视野、国际竞争力的优秀本土会计研究人才，使得中国会计学界的学术成果得到更广泛的国际认可，帮助中国会计能够在国际会计的学术平台上更有发言权，澄清外国会计学术界学者对于中国会计的误解（杨雄胜等，2008）。更重要的是，将其与规范会计研究有效结合，共同为中国会计理论的发展和完善添砖加瓦。

诚然，实证会计研究在中国的蓬勃发展令人欣慰，但是问题也不可忽视：实证会计研究方法引入中国，部分学者更多地追求形式上的相似、技术方法上的复杂，而追求神似、真正依据中国特殊国情发掘中国会计理论的实证研究成果并不多（杨雄胜等，2008）。蔡祥（2008）提出，实证会计研究每次理论上的重大突破或是重心转移，一般都是建立在对之前理论背景假设的否定或重大修正基础之上的。但是我国研究基础的薄弱导致我们的实证研究基础理论都是奉行"拿来主义"，直接照搬，而这样的结果很可能导致我们所从事的研究与现实严重不符，无法指导实践。

对于实证会计研究形式上的盲目追求，一方面是因为会计学界整体对于会计研究学者学术造诣的评价标准存在问题；另一方面则是因为高校给对学生研究方法的训练和培养没有重视。因此，我们试图通过研究方法训练夏令营的方式，让学生了解实证会计研究的基本原理及具体过程，理解其研究的方法和技巧，更重要的是领悟实证会计研究的思维方式和科学内涵。

二、课程需求分析

（一）进一步深造的需求

现代高校的本科生，特别是致力于继续在学术上有所造诣的同学，在本科阶段已有坚实的微积分、线性代数和概率统计的数学基础，也具有一定的统计学知识，具备了学习实证研究方法的能力。中国许多高校，特别是知名高校，对于本科生的培养较为超前，已经为本科生提供了较好的条件和环境培养学生的研究能力，计量经济学以及与实证研究相关的课程在本科阶段就已经开设，相应地经济数据库也为学生所使用。超前的培养意识、优越的研究条件使得这些高校培养出来的本科生在学术研究方面更为扎实，进入研究生阶段后进步更快。实际上，部分本科生在本科阶段的学习过程中，就已经能够运用不同的研究方法撰写论文并在核心期刊上发表。在这个过程中，学生不仅开阔了自己的视野，还获得了较其他高校学生的竞争优势。

因此，对于有意向进入研究生继续深造的学生，提前通过夏令营的方式了解实证研究方法，有两方面的作用：一是在保研阶段获得相对优势。目前国内众多知名高校在筛选推免研究生时，都会要求学生提交一篇实证研究范式的研究设计，主要考查学生对国内外文献的理解和总结能力、提出研究假设的逻辑推演能力、合理设计研究方案的能力。若本科生从未接触实证研究方法训练，要想在比较短的时间内完成一篇高质量的研究设计还是非常困难的，因此为了提高本校本科生外推的成功率和质量，有必要进行针对性的学习和培养。二是从长期视角来看，学习实证研究方法，有助于学生提前进入硕士阶段的工作。对于研究生，尤其是学术型研究生而言，在研究生学习期间大都要求在核心期刊上至少发表一到两篇论文。而要想发表在好的期刊上，首先文章质量要过关；其次要有较长的时间安排，因为层次较高的期刊审稿周期通常较长，少则2~3个月，多则可能超过一年，而研究生不过三年时间，期间还需要完成其他课程的学习、实习、找工作等。因此，在本科阶段打下实证研究方法的基础，能够帮助学生完成研究生阶段的学习目标和任务。

（二）提高毕业论文质量的需求

无论是本科生还是硕士生，在毕业前都需要完成一篇合格的毕业论文，但由于缺少实证研究方法的训练，学生的毕业论文经常会出现观点的堆砌，缺乏充分的证据支撑。刘竞哲 2009 年在《工商管理类硕士研究生实证分析能力培养模式研究》一文中，通过对中国 8 所财经类学校工商管理类收录在中国优秀硕士学位论文数据库 1999~2007 年的学位论文进行检索，发现实证论文比例普遍较低，最高的是中南财经政法大学，6 篇优秀硕士论文中实证论文数占一半，其次是新疆财经大学实证论文比例为 16.67%，再次是上海财经大学，实证论文比例为 14.29%，而东北财经大学优秀硕士论文总数有 274 篇，其中实证论文仅有 6 篇。由此可见，硕士研究生的实证分析能力尚处于较初级层次，而由于学术研究对于实证研究的要求越来越高。蔡祥（2008）就指出，许多重点院校的会计学科的硕士生和博士生的毕业论文中，若是不带一点数字、公式、表格，就很难毕业。因此，实证分析能力的培养对于完成高质量的毕业论文非常必要。

（三）提高解决问题能力的需求

即使学生在完成硕士研究生课程后无意攻读博士学位而是直接工作，学会实证研究方法也是有必要的。首先，无论从事什么工作，学生都需要有发现问题、解决问题的能力，而实证研究方法的训练恰好与其相符。实证研究往往从研究背景出发，这就要求学生在日常生活中善于发现问题，并对其进行深究，怀着"打破砂锅问到底"的态度，透过现象看本质，培养自己的本质探究的能力。其次，学生需要培养自己的逻辑思维能力，使得平时处理事务能够更加严谨。实证研究中重要的一步是从理论基础、事实背景推演到研究假设的过程，而这部分要求学生必须有严密的逻辑思维能力。一篇优秀的实证研究论文要想在模型建立、数据选取上不出纰漏，追根究底是要对研究的问题有深刻地见解，各环节推导十分严密才行。因此，实证研究方法的学习，可以让学生在学习工作中都更加严谨，处理问题的思路更加清晰。另外，许多会计及财务管理专业的学生毕业之后会选择进入投资公司、投资银行等，或者从事其他与金融行业有关的工作，这部分学生工作内容中的重要一部分是对公司的估值和行业的分析，因此对他们而言，了解资本市场的一般规律以及掌握一些相关的公司价值分析技术是十分必要的。而会计和财务管理领域的实证研究，大多都与资本市场密不可分，学习运用实证研究的方法，通过对资本市场的问题、特征进行研究，有助于学生对资本市场有更深入的了解，从而在今后的工作中能够正确的判断和分析，将自己积累的知识运用到工作实战中去。

（四）提高时间利用效率的需求

目前中国众多高等院校都有推免制度，即选拔学校各专业中一定比例的学生免试攻读研究生。比如中国海洋大学会计系本科共设会计学、财务管理、ACCA 方向班三个专业，各专业分别排名，分配推免比例约为该专业人数的 10%。这部分学生都是各专业学术能力较强或专业成绩名列前茅的学生，大多都在本科期间非常优秀，学科基础较为扎实，他们在大四上学期的十月份左右能够完成所有推免及择校面试流程，相较于其他同学而言，没有了升学或者就业的压力，而大四的课业也较为轻松，因此对于学术的钻研时间较为充分。加之大四上学期开始学生就已经要开始准备本科毕业论文的写作，因此这些同学中有的很早就开始进行文献的阅读，丰富自己的专业知识，尝试进行相关研究，但是由于学校未提供相关的课程和培训，缺乏方法和思维的训练，所以在研究过程中遇到不少障碍和困难。这就体现了开设研究方法的相关训练课程的重要性和必要性。

因此开设研究方法训练夏令营，一方面，能为本科阶段就开始对实证研究方法有涉猎并感兴趣的同学提供良好的平台和机会，为他们在研究生期间能够发表高质量学术论文而夯实基础，当然，这个基础指的是思维和方法论上的基础，对于理论基础，学生还是要阅读大量著作和文献；另一方面，研究方法的训练能够锻炼学生的思辨能力和追求本质的品质，这些品质和能力对于今后处理生活和工作上的问题都很有帮助。因此，中国海洋大学会计系拟开设研究方法训练夏令营，为想要致力于实证研究的同学提供方法和思维上的指导。

三、课程能力框架

要提高实证会计研究质量，必须从实证研究者出发，领会实证研究的科学内涵，而不是仅仅满足于掌握实证研究的基本形式、套路和技术。杨雄胜等（2008）在回顾中国实证会计研究近二十年的现状，通过对国内外权威期刊的文献进行研读，从理论前提、事实前提和可行性前提三个方面，对比分析了国内实证研究相较于国外的差距，并对中国实证会计研究的现状进行了总结和分析，由此提出对于实证研究者的能力要求：首先，研究者要有良好的数理功底，同时熟悉经济、管理、哲学、社会、政治、法律等相关学科的前沿知识并能够将其综合运用；其次，研究者要对经济现实以及所研究环境的制度背景有充分透彻的了解；再次，对问题的性质能够正确认识；最后，能客观、公正地审视问题，不抱偏见，在有国际化视野的同时不迷信国外权威。具体到研究方法训练夏令营，期望可以从以下几方面培养学生的能力：

（一）培养学生具备适应我国社会主义经济和社会发展需要的能力

研究方法训练夏令营，首要培养学生适应我国社会主义经济和社会发展所需要的能力。首先，学生应具有社会主义核心价值观，拥护宪法，热爱祖国。这是进行学术研究所应具备的最基本的能力。

其次，学生应深刻认识并拥护社会主义基本经济制度。在会计、财务管理类的文献中，理论基础都是经济学理论，而这些理论大多来源于西方，这些理论在指导中国实践的时候绝不能生搬硬套，而应该因中国国情的特殊性将其变成"有中国特色的"理论方法。因此，实证研究方法的训练，要求学生对以社会主义公有制为主体、多种所有制经济共同发展的经济制度为内容的社会主义基本经济制度有深刻认识并坚定不移地拥护它。

最后，实证研究方法的训练可以促进学生更好地热爱自己所学的财务管理、会计专业。许多学生大学学完四年，由于学时限制，多为"灌输式"教学，这使得学生很少主动思考，只是被动地接受老师传授的内容，更不要提对于专业产生兴趣并热爱它。而实证研究方法的训练由于注重学生的思维能力，将这个思考的过程留给学生自己而不是老师代替其完成，学生一旦通过自己的钻研有了成果，会对自己研究的领域有更加深入的认识，而由此带来的成就感也会让学生对学科产生更加的浓厚的兴趣，激发其继续研究财务管理和会计领域问题的动力。

（二）培养学生具备良好的科学精神、人文素质和职业道德

做学术研究，培养研究者的科学精神、人文素质和职业道德十分重要。首先，在科学精神上，要培养学生善于发现问题、肯钻研、追根究底的精神。许多人都觉得做研究很难，尤其是选题更难，究其原因：一方面是因为看的书太少，积淀得不够，因此无法对该领域有很好的认识，另一方面则是没有培养善于从现象中发现问题的能力和习惯。当然，仅仅发现问题还远远不够，要有继续钻研、刨根问底的精神。研究就是要透过现象看本质，进行本质探讨，才能得出对所探讨的问题的领域有建设性的结论和建议。

同时，通过研究方法训练，我们要树立学生正确的研究态度。杨雄胜（2012）对科学的功用性质做出了阐释，认为科学不应是少数人的"自我娱乐"，而应是向全人类贡献知识的社会性活动。在会计领域，其研究的社会功用应是准确描述中国会计实务中的现象和问题，并对会计实务的科学化起推动作用。王国维在《人间词话》中提出治学有三境界，第一境界曰"昨夜西风凋碧树，独上高楼，望尽天涯路"，第二境界曰"衣带渐宽终不悔，为伊消得人憔悴"，第三境界曰"众里寻她千百度，蓦然回首，那人却在灯火阑珊处"，可见做研究不是一件容易的事，甚至是一件苦差事，需要坚持不懈的精神。因此，通过对学生实证研究方法的训练，我们希望能培养学生良好的思想素质、文化修养、社会道德等社会主义制度人文素养。

其次，端正学生的职业道德观、正确认识伦理学知识，使其能够认识决策结果可能带来的社会问题，并加以判断和自我约束。前文提到，学术研究不应是一群学者的"自娱自乐"，而是通过研究对社会发展作出贡献，而实证研究正是搭建会计理论和会计实务的桥梁。许多会计研究的问题都是出于当时发生的重大社会问题或现象、政府政策等，如安然事件导致了会计界对于准则应是规则导向还是原则导向的探讨、审计界对于注册会计师独立性的探讨并颁布了《萨班斯法案》；万科与安邦的股权之争、阿里巴巴等"合伙人制度"的同股不同权的制度引起学界对于股权结构的探讨；2013年大规模的政府背景独立董事离职潮引起学界对于独立董事身份背景对于公司影响的探讨，诸如此类。蔡祥、李志文和张为国（2003）给出了一个实证会计研究的分析性框架，提出实证会计研究主要从会计信息的编报和会计信息的使用及评价两个维度，从制度制定者、上市公司、财务分析师、投资者、监管者五个视角研究会计制度的选择及其影响、会计制度的选择与盈余管理、会计舞弊、财务预测的准确度与可靠性、会计信息披露效应、会计信息的价值相关性、会计信息的决策辅助效应如财务困境预测、分析师盈余预测和信贷债券评级等问题。因此，我们尝试通过对这些会计实务问题的研究，培养学生的伦理是非观，加强自身的职业道德修养。

再次，通过训练使学生能够掌握文献检索、资料查询和资料收集的基本方法。无论是规范研究还是实证研究，都要查阅与论题相关的已有文献，总结前人在该领域中已经做出了哪些努力、贡献和成果，因此，要求学生熟练掌握文献检索的方法，充分利用图书馆电子资源，例如，中国知网、维普期刊、超星电子图书、方正电子图书、读秀学术搜索以及其他中外文文献数据库。实证研究还需要学生掌握数据收集的技巧和方法，如问卷调查研究和档案式研究等，其中档案式研究通常需要在特定的数据库查询数据，如国泰安数据库、万德数据库、色诺芬中国经济金融数据库、INFOBANK高校财经数据库等。

最后，希望学生能够了解本学科理论前沿和发展动态，具有科学的思维分析方法。通过研究分析已发表文章中的文献综述和理论回顾部分，可以系统了解前人的思想和研究演进过程，从而了解该领域的发展现状以及研究热点。学术研究中，最重要的是思维方法，因此训练思维分析方法是夏令营的重点。而实证研究中，如何正确地建立模型、选择样本数据，其根本在于对问题的认识是否正确，这就要求学生具有严密的逻辑思维，学会如何用已有理论解释背景事实以及如何从理论及事实推演出可以检验的研究假设。因此，研究方法训练营可以提高学生逻辑思维能力。

（三）促使学生掌握扎实的经济学和管理学等学科基础理论知识

实证会计研究在题目的选择及理论模型的构建时，必须有经济学、管理学以及其他相关学科的科学理论作为指导（盖地、吕志明，2007）。具体地，在实证会计研究中，需要根据经济学、管理学的基础理论，做出可以通过数据检验的假设预期，因此学生必须掌握相关学科的理论知识，同时还应该拥有用统计学知识进行数据分析的能力。最终期望通过训练，学生可以将经济学、管理学和统计学等学科的知识融会贯通，相互渗透、有效结合运用。

（四）提升学生实际工作能力

首先，对于财务管理专业的学生，实证研究方法训练要求学生掌握财务学原理，深入理解财务学基础范畴和基本定理，只有打下了坚实的理论基础，在今后进行研究时才不会出现基本的或者是本质性的错误。其次，通过训练，学生要掌握并能正确运用企业财务管理的基本理论和基本方法，这样不仅在案例分析时有理可循，并且为今后进入企业做相关工作奠定基础。

首先，对于会计学专业学生，该训练能使学生对于会计学基本原理及框架有深入了解。所谓知其然，还要知其所以然，无论是对于会计准则的制定、修改，还是会计理论的修正和完善，通常都是随着在实务层面上的反馈而进行的，而这种反馈，通常需要借助实证会计研究的方法。其次，学生通过对于实证会计研究方法的学习，能够深入解析会计准则对企业行为的影响以及会计信息对于利益相关者做出决策产生的作用，如企业会计政策的选择对企业价值和企业绩效造成的影响、会计政策的选择及其背后的经济动机、会计政策的变更对于投资者决策的影响、会计信息披露的效应等。

四、课程大纲设计

（一）课程描述

"研究方法训练夏令营"主要是在学生掌握会计、财务管理相关理论的基础上，提供定量分析和实证研究的方法支持，其主要内容可以分为三大部分：（1）计量经济学的基础理论方法，主要包括一元线性回归模型、多元线性回归模型、放宽基本假定后的回归模型等；（2）实证研究的软件操作，主要介绍 Stata 软件的命令操作及分析；（3）实证思维训练，主要训练学生如何用实证思维研究财务会计问题。

在计量经济学基础理论的介绍部分，分为计量经济学的性质与经济数据、简单回归模型、多元回归分析三部分。首先，计量经济学的性质与经济数据。这部分主要介绍计量经济学的研究领域，在应用计量经济学方法时可能出现的一般问题，并简单地对几种重要的数据结构做出介绍，讨论计量经济分析中的因果关系和其他条件不变的概念。其次，简单回归模型。虽然简单回归模型在实证研究的具体操作中使用并不广泛，但是因为其涉及的代数知识和解释都相对简单明了，成为计量经济学的起点。这部分内容从基本定义出发，介绍普通最小二乘法（OLS）的推导以及它的基本性质，系数是无偏估计的基本假定前提等。最后，多元回归分析。在实证研究中，多元回归分析应用的最为广泛。这部分内容包括在多元回归模型中如何应用普通最小二乘法（OLS）来估计参数、高斯马尔科夫假定、OLS 估计量的无偏性、假设检验中 t 统计量、F 统计量的构建和应用。

在实证研究的软件操作部分，分为 Stata 软件基本操作、实证会计研究具体案例介绍和学生实际操作三个部分。Stata 软件基本操作包括软件界面的基本介绍及相关功能、设置的介绍以及在实证会计研究中常用的命令语言讲授。实证会计研究具体案例介绍是在介绍完常用的基本命令语言后，以案例方式完整呈现实证会计研究的数据处理过程。学生实际操作则是以课后作业形式，要求学生用 Stata 软件完成相关主题的实证研究数据处理。

在实证思维训练部分，主要包括确定选题、文献综述、假设建立和研究设计四个部分。研究问题的确定是所有研究的起点，是决定研究成败的最关键因素。一般而言，好的选题有两个基本原则：重要和新颖原则。重要性原则是指通过对研究话题的回答，能够帮助读者了解企业等组织如何分配资源、怎样分配效率，以及其他有关资源分配的问题。新颖原则是指在重要性原则的基础上，与之前相关研究相比，此次研究需要有重要的创新。要想做到这两点，从经验性的角度看，首先必须阅读大量相关专题的已有文献，并以一个全局视角合成现有的文献和研究，找到已经完成的和缺少的部分。其次，总结和分析我国资本市场制度的动态发展，包括股票、债券和银行贷款市场。最后，运用经济学、管理学的基本理论，将已有研究和现实制度结合起来，确定一个可以回答已有研究没有解决或存在争议的问题，从而确定选题。

文献综述的作用主要是归纳整理前人对该问题的看法以及前人在该选题领域已经获

得何种成就及结论，它是一种思想形成过程的记录，是扎扎实实从事学术著作论文写作的开端。这部分主要从文献检索的步骤、途径及方法，文献阅读及整理，文献综述报告的写作步骤、规范和格式三个方面介绍。实证会计研究方法的核心是假设检验，建立假设就是把研究目的具体化，即对所研究的问题的结果预期具体化，此部分内容包括假设的概念和作用、假设构建的理论基础、假设的表述方式及模型建立等四个方面。最后，实证会计研究的核心技术是对预期的假设进行统计检验，此处将计量经济学理论应用到实际的会计研究中，具体包括如何根据不同的研究问题选取恰当的检验方法、如何解释和分析统计结果、稳健性检验通常可以从哪些方面进行等内容。

（二）设计思路

1. 开设依据

实证会计研究是目前学术研究中的重要组成部分。对于旨在进一步通过研究生学习的学生，本课程有助于提高学生保研的成功率和择校的质量，且提前打下研究方法的基础将有助于学生在硕士阶段的论文发表和毕业论文写作等任务。对于选择参加工作的本科生，由于实证研究方法是将经济学、管理学、财务学的理论与实践结合，并发现一般规律，通过这个过程，能够加强学生对本科阶段所学知识的掌握和理解，并提高学生解决实际问题的能力。

2. 课程内容选择依据

实证研究方法主体框架包括问题的选择、假设的提出、研究设计和实证检验四个部分。对于问题选择和假设提出两部分，需要学生积累和应用经济学、管理学的基础理论知识，同时需要总结和分析已有相关文献的研究结论和不足。为了使得学生能够完成这两项工作，通过专题式的文献回顾是较好的方式。选择的专题主要包括会计和财务的相关研究，例如信息披露的质量、会计稳健性、资金配置效率、公司治理等。对于研究设计和实证检验两部分，主要是将计量经济学的基础理论应用到会计研究中，因此，此部分的课程内容主要包括计量经济的基础理论和如何用 Stata 软件完成实证检验。

3. 课程主要内容结构（见表1）

表1　　　　　　　　　　　　　课程内容

第1章　实证研究方法与规范研究方法	第3章　财务与会计研究专题
1.1 实证研究方法	3.1 中国资本市场制度变迁
1.2 规范研究方法	3.1.1 股票发行专题
1.3 两类方法对比	3.1.2 银行贷款专题
第2章　实证研究的主体框架	3.1.3 债权发行专题
2.1 确定选题	3.1.4 信息披露专题
2.2 建立假设	3.2 西方经典的财务与会计研究专题
2.3 研究设计	3.2.1 信息披露专题
2.4 实证检验	3.2.2 盈余管理专题

续表

3.2.3 公司治理专题	4.3.1 异方差问题
3.2.4 资本结构专题	4.3.2 序列相关问题
第4章 计量经济学的基础理论	4.3.3 内生性问题
4.1 计量经济学与实证研究方法	第5章 Stata软件操作与应用
4.2 计量经济学的基本理论	5.1 Stata软件的基本界面
4.2.1 最小二乘法	5.2 常见命令与应用
4.2.2 经典线性假定	5.3 Stata的应用：完成一篇论文的实证部分
4.2.3 估计与假设检验	第6章 研究设计的讨论
4.3 计量经济学中常见问题与解决思路	

在此部分，首先让学生根据所学内容，独立完成实证研究中选题、提出假设和实证研究设计三部分内容。然后在课堂上与其他同学一起分享、讨论，并进一步根据意见修改、完善，进而能够得到一篇质量较高的研究设计。

五、课程训练方案

研究方法训练夏令营采取以教师讲授方式为主，结合小组讨论、实际操作训练及名师讲座的方式进行。

教师讲授部分主要是教师按照课程大纲介绍研究方法的基本特征、实证研究的主题框架、财务与会计的研究专题、计量经济学基本原理及方法、Stata软件基本操作等内容。其中，财务与会计的研究专题根据由近及远的原则——先最前沿的研究，后经典的研究专题，并采取动态更新的方式进行选取。计量经济学基本原理及方法的介绍主要结合中国人民大学出版社出版，杰弗里·M.伍德里奇著的《计量经济学导论》（第四版）这本书讲授。Stata软件基本操作主要参照陈强编著的《高级计量经济学及Stata应用》（第二版）这本书介绍，同时根据每期不同的专题，选择一篇已经发表且相关的文章，用Stata软件完整地完成该篇论文的基本操作，以作示范。

小组讨论部分主要是培养学生阅读实证文献的能力，同时锻炼学生的思维能力、探究能力和创新能力。该部分分为英文实证文献和中文实证文献两部分。根据学生人数，采取分组的方式，每组根据每期的研究专题找到相关的期刊论文进行研读，然后要求学生把握所研读论文的基本精神、研究逻辑和思路以及分析过程，在此基础上从选题意义、研究方法等各个方面对文章做出评述，提出优点或创新点、尚需改进的地方，最好能够根据所发现的问题提出改进的方法等，并以ppt的形式向大家汇报。其中，国外实证文献主要从美国以英文形式发表论文的几种优秀期刊中选取，包括Accounting Review（AR）、Journal of Accounting and Economics（JAE）、Journal of Finance Economics（JFE）、Journal of Accounting Research（JAR）等，让学生通过研读国外权威期刊上的实证研究文献，一方面提高专业英文阅读能力，另一方面学习国外学者做实证研究的思路和方法。国内实证文献从《经济研究》《管理世界》《会计研究》《金融研究》《审计研究》《中国工业经济》《中国会计评论》《南开管理评论》《中国会计与财务研究》等国内权威的期刊中选取。

名师讲座部分主要通过邀请系内教授博导根据自身的研究专题，向学生传授研究心得、研究经验，并可以与感兴趣的学生进一步合作。最后，让每位学生将自己的研究设计在课上与其他同学分享、讨论。通过这个课程，学生可以了解自身思考问题的漏洞、研究设计存在的问题，在此基础上，根据大家的意见对原研究设计进行修改和完善，并理清思路以考虑如何进一步完成研究问题的检验。通过这个步骤，每位学生可以获得一个较为完善的研究设计，可以作为参与其他高校保研夏令营的研究设计，提高保研的成功率。

主要参考文献

[1] 蔡祥，李志文，张为国. 中国实证会计研究述评 [J]. 中国会计与财务研究，2003（2）：155－215.
[2] 蔡祥. 实证会计理论的发展：反思与展望 [J]. 管理学季刊，2008，3（1）：1－28.
[3] 盖地，吕志明. 规范会计研究与实证会计研究评析 [J]. 会计研究，2007（4）：11－18.
[4] 葛家澍，占美松. 关于实证会计研究的思考 [J]. 财会通讯，2007（12）：6－9.
[5] 黎毅. 会计实证研究方法. 第2版 [M]. 东北财经大学出版社，2015.
[6] 李连军. 实证会计研究的方法与方法论：哲学基础与研究范式 [J]. 会计研究，2006（8）：24－28.
[7] 刘竞哲. 工商管理类硕士研究生实证分析能力培养模式研究 [J]. 中南财经政法大学研究生学报，2009（2）.
[8] 刘玉廷. 关于会计研究方法问题 [J]. 会计研究，2000（12）：9－13.
[9] 裘宗舜，王平. 会计改革的若干问题——一张有意义的社会问卷调查表 [J]. 会计研究，1988（6）：17－21.
[10] 沈艺峰. 会计信息披露和我国股票市场半强式有效性的实证分析 [J]. 会计研究，1996（1）：14－17.
[11] 苏武俊. 关于理论研究方法体系的思考 [J]. 会计研究，2001（5）：54－55.
[12] 汤云为，赵春光. 实证会计研究中的几个几问题 [J]. 会计研究，2001：52－56.
[13] 瓦茨，齐默尔曼，陈少华. 实证会计理论 [M]. 东北财经大学出版社，2000.
[14] 杨全文，黄寿昌，薛清梅，曹洋，杨雄胜. 中国实证会计研究的回顾与思考 [J]. 会计研究，2008（7）：34－42.
[15] 杨雄胜. 中国会计理论研究应有历史使命感 [J]. 会计研究，2012（2）：18－22.
[16] 杨雄胜. 追寻会计学术灵魂召唤会计理论良知——为《会计研究》创刊30周年而作 [J]. 会计研究，2009（12）：32－37.

基于职业导向的"手把手"实践教学模式研究*

谭文浩　王永杰②

摘　要　应用型本科,作为高等教育发展过程中的一种有效的办学模式,具有自身独特的办学理念和办学目标。在知识经济、信息科学、全球一体化等环境影响下,结合应用型本科的办学理念,培养出符合会计国际化趋势的实践操作能力较强的会计专业人才,是应用型本科会计学专业教学的基本要求。会计学专业是一门实践性很强、操作技能要求很高的学科,如何将应用型本科的办学定位和社会对会计人才的需求结合起来,本文认为基于"手把手"理念的实践教学模式应用是解决这一问题的根本途径。

关键词　应用型本科；职业导向；会计学专业

引言

会计与经济是密不可分的,会计工作是经济管理工作的重要组成部分。经济越发展,会计越重要。随着经济的发展,会产生新的经济业务,会计的处理方式也要随之改变(王淑霞,2009；刘华、翟华云,2017)。因此,会计的教育制度和会计人才培养方式也要有所变化。应用型本科是我国高等教育在大众化发展过程中出现的一种新的办学模式,是指由普通高校按新机制、新模式与社会力量合作举办的本科层次以实践应用为培养目标的办学主体。应用型本科的产生与发展是我国教育领域的一次改革,如何保证这种新的形式能在激烈竞争的环境中保持它的发展劲头,既能利用好它的先天优越条件又能办出自己的特色,这是一个需要重视的问题。

当前,应用型本科院校的人才培养在国家人才培养体系中占有重要的地位,应用型技能人才的培养质量关系到我国高素质就业者能力提升的效果。就会计专业而言,则是如何在传统的人才培养框架的基础上,在应用型本科教育的层次上,强化应用型实践技

---

* 基金项目：本文系江西省高校人文社会科学研究立项课题《新准则体系下注册会计师人才培养框架重构研究》阶段性研究成果,项目编号：JC12162。

② 作者简介：谭文浩,男,江苏盐城人,会计学博士,讲师。研究方向：财务会计与财务管理。王永杰,男,河南新郑人,会计学博士,讲师。研究方向：财务管理与财务战略。

能人才的动手能力和创新能力的培养。在经济转型的背景下，原有的实践教学框架已经不能很好地适应当前的经济发展需求。有鉴于此，需要对传统的实践教学框架进行变革。本文正是基于这样的时代背景，提出构架基于职业能力培养导向的"手把手"教您做账的实践能力培训教学体系，强化学生实践与创新能力。基于职业能力导向的实践教学体系变革，不同于传统的研究型大学或综合性大学的会计人才培养体系，其更加强调实践创新能力的培养，更重视实践动手能力的训练。在这一背景下，本文结合应用型本科院校的办学特征、生源特质、教学资源等差异化的因素考量，设计了基于"手把手"师徒传帮带的实践教学框架体系。基于职业导向的实践训练体系的构建，对于切实提高应用型本科院校学生的专业技能，服务企业的财务与会计业务工作具有重要的战略性支撑价值。

一、应用型本科的办学特点

应用型本科是我国高等教育大众化形势下深化教育改革的产物，是高等教育大众化进程中出现的具有中国特色运行机制的高校（万晓文，2009；李继志、朱荣，2016）。从发达国家高等教育大众化的实际进程看，主要是通过建立独立于传统精英大学系统之外的"第二种高等教育"来实现大众化的教育，如美国的社区学院、英国的多科技术学院、法国的短期技术学院、德国的专科学校和专门学校，以及各种形形色色的"开放大学""无墙大学"等成人高教机构（Albrecht等，2000；杨政等，2012；何玉润、李晓慧，2013）。就我国的教育发展需求来看，目前更需要培养高素质技能型人才的应用型本科层次教育，以更好地服务于中国制造业的转型与升级。当然，不可否认，在经过制造业的高端转型升级之后，我国也同样需要一批在全球范围内有影响力的世界知名研究型大学。当前的"双一流"世界大学建设计划，则是这一目标的宗旨所在。与西方国家的工业化发展进程一致，当前我国的人才培养结构理应是应用型技能人才占主导地位，以满足高端工业化的人才需求。

（一）办学基本模式

目前国际上流行的类似"第二种高等教育"主要有"双元制"模式、CBE模式和TAFE模式，这些模式对于我国应用型本科实施教学改革有重要的借鉴意义，主要体现在以下两个方面：(1) 注重实践。德国双元制教学模式，在培训过程中十分重视学生实践、技能、技巧的培训。理论和实践之比约为3:7或2:8。同时，理论教育注重实用性，并紧密与实践相联系，服从实践需要；TAFE具有完善的校内实习、实训基地。由于澳大利亚政府的投资和企业的赞助，使得TAFE学院的学习、实训硬件条件不仅数量充足，而且技术上都是比较先进的。这就为实践教学创造了必要的、现代化的教学环境。TAFE的实践教学环节较好，注重学生动手能力的培养，教室就是实验室，学习环境与工作环境融为一体。教室里一般摆满了教学用具及一般性试验设备，边讲边练。业余时间学生都在实习车间操作干活。这种安排，提高了教育效率和学生掌握知识和技能的速度。(2) 更好地加强了企业与学校的联系：企业着重进行实际操作技能的训练，学校着重理论知识的传授，两者相互补充，相互促进。因为构成双元制职业教育的两个本质要素就是企业和学校。

（二）办学定位与发展导向

应用型本科学科的培养定位与研究型本科院校尤其是顶尖高校的办学定位，有着明显的不同。具体来说，应用型本科院校的发展定位为培养具有扎实理论知识的应用技能型人才，在教学培养过程中强化实践能力的培养。不同于研究型大学的发展定位，在知识传授过程中更加强化知识的转化与应用，需要将所学知识落地应用到具体的日常生产与生活实践过程中去。在一定程度上而言，应用型本科院校的人才培养，是更为重视实践能力和创新能力的。相比而言，对于理论知识的传授，相对要求较低，只需要掌握基本的知识要点。因此，从这个层面上而言，应用型本科院校的发展定位相对较为清晰，就是将学校的发展定位在培养高素质的技术应用型人才层面。换言之，应用型本科院校的发展定位，更多的是在教学层面而非科学研究层面，就是如何将学生的应用技能培养好。在这样的发展定位目标下，应用型本科院校之间的竞争标准主要是在学生应用技能水平的高低上，在就业市场上学校的技能培养是否能够获得较好的社会声誉和积极评价。

（三）办学基础设施条件

作为应用型人才培养的基础性条件，基础设施对于人才培养和能力训练至关重要。为了配合实践能力的训练，基础设施配置基本与教学和人才培养相匹配。在本科应用型人才培养院校，对办学基础设施的投入相对较大。在办学基础设施配置上，基本是以教学和实践训练类型的设备、专业实验室为主。应用型本科院校在基础设施上，尤其是人才培养类的基础设施投入上，在资金、资源、政策支撑上还是相当重视的，这对于技能培养和训练至关重要。不同于研究型大学的基础设施配置，总体上配置在基础科学研究，应用型本科院校的基础设施与人才培养密切相关。应该说，就人才技能培养而言，这些教学和实践类的设施的投入能够提供稳定、优质的硬件资源支撑。根据公开数据显示，应用型本科院校在教学资源建设、教学设施建设方面的经费投入，相比于研究型大学要多。毋庸置疑，这些基础设施的投入，其根本目的都是在于要更好地服务于应用型人才培养目标的实现，努力与其技能型人才培养目标相匹配。

二、应用型本科人才培养模式特质

（一）应用型本科院校的生源特征

应用型本科学生是由本科二批中录取的，比起一本的学生，他们的成绩一般要低几十分。当然也不排除存在一部分学习基础较好的学生，由于高考的失利等原因失去上重点大学或一本的机会，但入学后他们在学业上会比较刻苦。而且由于应用型本科的收费标准以民办院校为准，学费一般比较高，所以学生大多家庭条件较好，来自城市，兴趣爱好广泛，喜欢接受新事物，新潮流，新看法。所以应用型本科的学生不能完全按照一本的办学理念和人才培养模式标准来培养，他们可能在学习基础、学习习惯等方面不如一本的学生，但在人际沟通能力，组织协调能力，甚至创新能力方面不比他们差，所以我们应该确立重视学生知识能力、素质结构全面发展的发展观，坚持人的全面发展（杨晞、程杰贤，2015）。再者，应用型本科的学生普遍头脑灵活，重视社会实践，善于走出校园，寻求借助社会力量开展活动，丰富课余生活，对于各项大学生社会实践活动，应用型本科的学生都能积极报名参加，也有许多学生利用课余时间到社会上寻求实践机会，较好地锻炼了他们的人际交往能力，增强了社会适应性。

（二）应用型本科院校的人才培养目标及定位

基于以上应用型本科学生特点的分析，在人才培养目标上就不应将其与传统大学的学生保持高度的一致。古往今来各高校的发展，凡是得到社会认可的无一不是发展的极其有特色的，而并非是全能的。所以从某种意义上来讲特色可以说是学校发展的生命线，体现了一个学校的办学水平，也是其优越于其他学校的核心竞争力所在。几年来应用型本科得到了快速的发展，现在已遍及几个省市，数量已达多所，如何在这么多的学校中显示出自己脱颖而出，这是应用型本科要解决的首要问题（蒋昕、单昭祥，2016）。不考虑所在地方社会需要及自身实力，一味地求大求全，很有可能在学校的竞争中失去主动权，从而也失去了自己的发展空间。

会计学专业是应用型本科招生规模较大的专业之一，但由于当前市场对会计从业人才的需求与应用型本科的会计人才供给之间存在着一定的矛盾（杨有红，2000；刘永泽、孙光国，2004；毕金星，2010；刘爱英，2012；王庆石等，2013）。而应用型本科的会计学教学大多还采用传统的教学方式，在某种意义上已经落后于社会对人才的要求，这种教学方式进一步拉大了社会需求与学校人才供给之间的矛盾，不利于学生的就业、学校的发展。如何使应用型本科的教学满足用人单位的要求，如何找到两者之间的平衡点是摆在我们面前的首要问题。

（三）应用型本科院校的教学方式

会计专业知识分为陈述性知识和过程式知识，分别通过会计理论教育和会计实践两条途经获取（Wyhe，2007）。目前多数高校对学生会计专业知识的获取往往因认识上的偏差等原因而侧重于会计理论教育。事实上会计理论只提供进行会计工作的思想，不能提供会计操作过程的具体程序和方法的训练（林志军等，2004；章新蓉、顾飞，2012）。因此在新时期，传统会计教育模式下培养出的会计专业学生因会计过程性知识获取能力方面以及在获取过程性知识中所需的业务胜任能力的欠缺使得与市场现实需求出现明显脱节（Barrie，2004；李晓慧，2009；张俊超，2012）。"手把手"教您做账是互动式教学，它以企业实际使用的凭证、账簿、会计报表等资料为教具，以做为主、讲为辅，少说多练，强调实用。在授课过程中穿插实例操作体验，突出重点，注重实用性、可操作性。

三、"手把手"实训模式的现实性分析

(一)"手把手"实训模式实施的必要性

随着新会计准则从 2007 年 1 月 1 日开始实施,熟悉国际会计准则、掌握国际资本市场惯例、精通现代企业战略规划及国际化经营的财会管理人才成了众多金融机构追捧的人才。但是,在就业的时候我们的学生和用人单位都遇到了问题:毕业生找不到合适的就业单位,用人单位找不到合适的毕业生。问题出在哪儿呢?追其原因,最主要的是我们的毕业生只懂得理论知识,动手操作能力不行,有些毕业生甚至连基本的凭证都不会填制。面对就业前景如此好的专业,如果由于动手操作而丧失机会的话,我们的学生就太可惜了。作为培养专业人才的学院,应该就此情况进行深思,解决如何让我们培养的学生能适应用人单位需求的问题。笔者认为,以"手把手"教您做账为媒介,把学生的理论知识和实践知识连起来,加强学生的动手能力的培养,能够从本质上改善这一现象。

(二)"手把手"实训模式的可能性

"手把手"教您做账,主要通过和企业的联系,取得相关企业的凭证、账簿、报表等相关资料,并以这些资料为基础,将学生的理论知识和实际操作联系在一起,以理论指导实践,用实践检验理论。根据理论知识的侧重以工业企业增值税一般纳税人为主,兼顾其他各类型企业;以企业会计实务为主,涵盖银行作业、审计作业、网上报税等现代全能型会计人员所要求的相关知识和技能;从会计基础知识、编制会计凭证开始,到编制会计报表、税务报表和会计报表分析。包括会计工作的月末、年末处理;企业新成立(股东入股、厂房设备等)、正常运营(材料、生产成本、收入、费用、利润、工资、税金等)等的会计处理。在理论的教学过程中,有时教师会由于知识"太理论"而无法让学生有直观的理解,有了"手把手"教您做账的这些教具,学生可以对理论知识有感性的认识,这样有利于学生对知识的掌握。同时"手把手"教您做账,并不需要投入硬件设备,只需要有基本的凭证、账簿、报表等做账所需的资料即可,花费成本不高;学生也不需要有额外的开销;这一项目的投入,只要在师资这一块把好关,请企业较优秀的从业人员指导学生实际操作即可;并且应用型本科师资大多是具有双师型的教师,其专职教师也可以胜任这一项目的教学。

四、基于职业导向的"手把手"实训模式构建

由于"手把手"教您做账的可行性较强并且操作简单,应用型本科会计专业完全可以将其作为专业必修课而纳入教学计划中成为这个专业的亮点,现在全国很多的应用型本科都非常重视学生的实践那能力的培养,在教学计划上也做了调整,一个学期的理论

教学时间15周，用2周的时间专门进行实践教学，称之为"15+2"的教学计划，这样就为"手把手"教您做账提供了充分的实践时间，有利于学生对理论知识和实践知识的掌握。同时可以把"手把手"教您做账作为素质能力课加以在全院推广，对于非会计专业的学生，在他们学了基础会计这门课程的基础之上，会有一些学生对会计产生兴趣，"手把手"教您做账可以让他们能够多一个就业的筹码。具体的操作过程如下：

（一）清晰定位"手把手"教您做账的目标

基于职业导向的"手把手"实训模式的构建，首先需要明确的就是这一实践训练模式的目标与定位。"手把手"教您做账，核心思想是教会学生如何将会计与财务规则应用到实践活动中，理解具体会计与财务规则的基本思想和操作要点。值得说明的是，"手把手"教您做账这样一种实践训练模式，并非是简单的临摹和复制，而是通过这样一种一对一的师徒带帮的方式快速认知会计与财务规则。通过这样的一种模拟和实践的过程，让学生能够对会计与财务规则有更为直观的理解，进而理解这些规则与企业实践内在的关联。更进一步地，"手把手"教您做账不是低级的没有技术含量的活动，应该设计为基于规则演练的综合业务实践载体。在业务模拟演练的过程中，去讲解这些财务与会计规则制定的背景和本质，让学生能够更好地理解规则背后的宏观经济含义。实践的目的，是为了更好地强化认知，更好地将理论知识应用于实践，更好地服务企业的生产经营。有鉴于此，本文认为"手把手"教您做账是一项基于师徒传帮带的业务技能与思想的综合实践载体。它既是一项主体是以技术传授为主导的实践活动，同时也是理论知识与实践密切结合的综合实践平台，涵盖理论传授、业务认知、宏观经济背景认识、信息沟通与协调等知识模块。

（二）明确"手把手"教您做账的内容结构

熟悉并掌握不同行业（如制造业、商业、服务业等）的账务处理，成为一名理论知识扎实，动手操作能力强的会计人才。熟悉并掌握纳税申报流程，学会如何与税务部门"打交道"。熟悉并具备财务分析的能力，可以单独做报表分析。

（三）"手把手"实训模式的基本路径与框架

这个过程分为三个阶段，三个阶段的流程结束之后，学生可以单独处理一些记账业务。

第一阶段：教学生"看账"——以真实单位已做好的账为基础，从一张张凭证、一页页账簿、一张张会计报表出发，让学生做账之前最直观地认识"账"。

第二阶段：教您做账（此流程分三部分）

（1）以制造业当月或上月发生的经济业务取得的原始凭证为基础，教学生从填制凭证开始到登记账簿，到出财务报表为止。

（2）以商品流通企业当月或上月发生的经济业务取得的原始凭证为基础，教学生从填制凭证开始，到登记账簿，到出财务报表为止。

（3）以服务业当月或上月发生的经济业务取得的原始凭证为基础，教学生从填制凭证开始到登记账簿，到出财务报表为止。

第三阶段：自己独立做账——独立完成本公司为企业代理的一个月份的账务处理，并在有关专业人员的指导下进行纳税申报。

"手把手"教您做账模式目的是为了用一种更加简单有效的方法，使学生在实践操作中掌握好会计技能。同时能够为会计理论教学和实践教学搭建一座桥梁，实现老师与学生有效的教学相长的目的。

（四）"手把手"教您做账的支撑和评价体系

为了更好地实现"手把手"教您做账培养目标，还需要一系列的支撑和评价体系。具体来说，"手把手"教您做账需要一套规范的实践教学培养体系、师资队伍配置、素材积累、经费支撑、政策扶持等体系支撑。

1. 科学合理的实践教学培养体系设计

"手把手"教您做账是一项长期性的、系统性的综合工程，需要有一套完善的实践教学培养体系来保障。因此，需要实践教学组织部门，根据学生的知识层次、培养目标、学生接受知识能力的特征、学习所处的阶段等要素，来设置与会计与财务规则相一致的实践教学课程开发、教学大纲的制定、规范化的实践教学操作手册和教案、教学案例视频等。特别值得提醒的是，对于会计与财务课程的实践训练过程，是需要与外部业务环境保持一致，动态更新实践教学的方式与内容。此外，也应当注意实践教学体系的相对稳定，不能随意变更实践教学培养体系，以保持教学目标的平稳性。一定程度上而言，实践教学培养体系的设置是否合理，将直接决定"手把手"教您做账的效果和持续性。这是一个顶层设计的问题，需要在初始阶段就应当认真考虑与协调好。

2. 构建分工合作的师资团队

在"手把手"教您做账的实践教学体系中，师资队伍是一个十分重要的关键性因素。如何设置团结协作的课程师资团队，是关系到"手把手"教您做账实践效果的一个重要环节。实践教学的师资团队，原则是要求具有较强实践经验的教师来担当，一般而言应该是学校引进的双师型教师。在师资团队内部要形成合理的分工与协助，要形成明确的职责。在年龄结构上，也要适当进行比例协调，以更好地开展活动。考虑到知识结构的变化，师资队伍也要定期进行培训或调换，以保证授课的教师能够积极将最新的会计与财务规则引入到课程教学中去。在知识结构配置上，建议理论型的授课教师和实践型的授课教师能够很好地融合，形成相互辅助的机制，理论与实践能够共同服务于"手把手"会计实践教学，这样可以起到较好的知识融合。

3. 丰富多元的实践素材配置

"手把手"教您做账的实践训练体系，其前提是要有充足的实践资源，因此要求在进行实践教学之前必须要做好财务与会计实践素材的准备。具体而言，需要与实务届的人士进行沟通取得其业务活动中积累的会计与财务业务凭证、财务核算和决策资料。此外，考虑到会计与财务素材的经济保密性，实践教学的教师也可以自行编制符合当前经济发展环境的业务凭证、财务记录等，让学生能够有进行会计与财务的实践素材。当然，现在市面上也有较多的实践类参考书籍和素材可以直接购买，从而直接进行实践训练教学之用。但本文以为，还是利用经济生活中的直接素材，由授课教师加以提炼、规范、梳理，从而形成可以进行实践教学的素材。这样做的好处是，素材直接取材于自然经济生活中，保持了业务的"原生态"，能够让学生最本真地接触和理解经济业务，为将来的工作提供最仿真的经济环境，从而能够增强工作的适应性。

4. 积极的经费与政策支撑

"手把手"的实践教学训练，不同于其他的理论课程讲授，它需要较多的实践素材和外部实践师资，因此在资源投入上相对更多。因此，从这个层面而言，需要给予实践训练体系投入更加积极的经费支撑。一定程度上而言，经费是否充足，将直接决定"手把手"实践教学的效果。应当在正常的实践教学经费中，保留适当的份额给"手把手"教学的安排，以保证这样的实践教学体系能够可持续地开展下去。此外，还需要在政策支撑上，给予这样的实践训练体系更多的政策扶持，譬如学科评价、教学奖励、教师职称晋升、成果评奖等方面给予适当的奖励和优先支持。可以说，有一个积极的经费与政策支撑，"手把手"的实践训练机制一定能有一个比较好的实践效果，以更好地对接应用型本科院校的人才培养目标。

5. 科学合理的实践教学评价体系

要使得"手把手"的实践教学体系能够得以有效运行，那就必须要建立一套有效的实施效果评价体系。应该说，这个实践教学评价机制应当是一个综合性的评价体系，既有定性的也定量的评价。从内容结构上来看，应该有计课程设计、教师教学评价、学生作业评价、奖惩机制、教学资源的评价等。在具体的评价指标上，应当使用客观的指标或者外部评价指标来加以实施，以保证评价结果的客观性和公平性。具体来说，对课程设计的评价，应当是对课程的教学目标是否合理进行评价，教学内容的安排是否与现有的会计与财务规则保持一致，动态更新的频率如何，教学的时间分配是否合理、是否充足等。对教师的教学评价方面，主要评价教师的授课内容是否符合教学大纲规定，教学方式是否符合学生的要求，教学效果如何，以及教师的总体知识结构是否能够与实践教学目标相匹配。学生作业评价，主要是评价其能否按照实践教学的要求进行实践训练，对规定训练任务能否及时和按照要求完成，学生的实践训练能否对接外部机构的工作要求等。这里，值得强调的是，对学生层面的评价，应当严格按照职业导向的各项要求来加以实施和进行。作为一个关键性的评价机制，奖惩机制在"手把手"实践训练机制中非常重要。按照对课程设计、教师教学评价、学生作业评价的结果，应当区别不同的评价结果采取不同的奖惩机制。对于取得较好效果的方面，应当进行积极的奖励，以提高教师和学生的实践教学积极性。对于落实的较差的层面，应当辅之以相应的惩罚机制，使其纠正其行为，进而满足实践教学的目标。最后，对于实践素材也应当进行科学评价，其乃实践的来源和载体，因此对于这类"硬资源"也应当对其合理性、适用性、科学性、及时性作出科学的评价。最后，对于实践教学的评价体系应当进行动态更新，要与外部宏观经济环境的变化保持一致。

五、结束语

在当前会计行业变革和人才培养结构发生重要转变的背景下,增强会计专业学生的动手实践能力具有十分重要的现实意义。为了保障学生能够通过专业知识的学习,基于"手把手"的技能训练和实践,是实现学生技能强化与提升的有效途径。当前的人工智能技术,对传统的会计职业教育产生颠覆性的影响,在这一背景下,会计人员的基础技能的强化是应对外在变化的基本路径。

基于实践能力的培养与强化,从一定程度上而言是应用型会计专业培养院校增强自身就业竞争力的根本途径。最大限度地利用学校所拥有的师资和社会资源,充分挖掘学生的实践能力,增强基础知识和基本技能的水平,是实现应用型人才培养目标的本质要求。因此,基于传帮带的教学实践模式,有助于应用型会计专业人才培养目标的实现。"手把手"的实践形式,为应用型本科会计专业人才培养提供了一个有益的借鉴。

主要参考文献

[1] Albrecht, W. S., and R. J. Sack. 2000. Accounting Education: Charting the Course through a Perilous [J]. Accounting Education Series, 16: 1 – 72.

[2] Barrie, S. C. 2004. A Research – based Approach to Generic Graduate Attributes Policy [J]. Higher Education Research & Development, 23 (3): 261 – 275.

[3] Howieson, B. 2003. Accounting Practice in the New Millennium I Is Accounting Education Ready to Meet the Challenge? [J]. British Accounting Review, 35 (2): 69 – 104.

[4] Wyhe, G. V. 2007. A History of U. S. Higher Education in Accounting, Part I: Situating Accounting within the Academy [J]. Issues in Accounting Education, 22 (2): 165 – 182.

[5] 毕金星. 应用型会计人才培养存在的问题及对策研究 [J]. 经济师, 2010 (9): 124 – 125.

[6] 何玉润,李晓慧. 我国高校会计人才培养模式研究——基于美国十所高校会计学教育的实地调研 [J]. 会计研究, 2013 (4): 26 – 31.

[7] 蒋昕,单昭祥. 民办本科院校应用型卓越会计人才培养研究 [J]. 商业会计, 2016 (1): 126 – 129.

[8] 李继志,朱荣. 地方性综合院校会计人才培养改进与优化 [J]. 财会通讯, 2016 (1): 59 – 62.

[9] 李晓慧. 会计教学体系研究:来自英国大学的借鉴 [J]. 会计研究, 2009 (10): 77 – 82.

[10] 林志军,熊筱燕,刘明. 中国会计教育中知识及技能要素的发展 [J]. 会计研究, 2004 (9): 72 – 81.

[11] 刘爱英. 会计人才培养和会计教育改革问题研究 [J]. 商业会计, 2012 (10): 113 – 114.

[12] 刘华,翟华云. 卓越本科会计人才培养模式探究——国际化、专业化和个性化导向 [J]. 商业会计, 2017 (5): 112 – 113.

[13] 刘永泽,孙光国. 我国会计教育及会计教育研究的现状与对策 [J]. 会计研究, 2004 (4): 77 – 81.

[14] 万晓文. 面向市场的目标导向型会计人才培养模式的框架分析 [J]. 新会计, 2009 (12): 54-58.

[15] 王庆石, 刘伟, 孙宗扬, 吴宝峰. 本科层次卓越会计人才培养标准研究与设计 [J]. 教育研究, 2013, 34 (1): 97-100.

[16] 王淑霞. 正高级会计师的评价体系与能力建设 [J]. 会计研究, 2009 (7): 79-85.

[17] 杨晞, 程杰贤. 高职应用型会计人才培养与实践教学改革——以基础会计核算为例 [J]. 职教论坛, 2015 (20): 80-83.

[18] 杨有红. 二十一世纪的会计和会计教育 [J]. 会计研究, 2000 (8): 46-50.

[19] 杨政, 殷俊明, 宋雅琴. 会计人才能力需求与本科会计教育改革: 利益相关者的调查分析 [J]. 会计研究, 2012 (1): 25-35.

[20] 张俊超. 推进从"教"到"学"的本科教育教学变革 [J]. 高等教育研究, 2012 (8): 104-108.

[21] 章新蓉, 顾飞. 开放式会计人才培养模式创新与实践研究 [J]. 会计之友, 2012 (36): 117-119.

资本效率、财务风险与经济发展质量评价
——2018 中国资金管理智库高峰论坛综述

江玮滢　高睿璇　宋晓缤[①]

2018 年 10 月 20~21 日，由中国会计学会、中国海洋大学主办的"2018 中国资金管理智库高峰论坛"在青岛举行，来自高校、科研院所、企业和专业媒体等 600 余名专家学者围绕"资本效率、财务风险与经济发展质量评价"的主题进行了深入的交流和研讨。

一、新时代：以高水平人才培养与高质量学术研究为引导

经济发展进入了新时代，对财务、会计领域的人才培养与学术研究也提出了新的要求。在新的经济发展阶段，面对如何引领人才培养方向、如何完善学术研究思维等问题，与会专家提出了新的思考与认识。

在财务、会计领域人才培养方面，财政部原会计司司长、原企业司司长、中国财政科学研究员博士生导师刘玉廷指出，共享财务、大数据、人工智能正在或已经推动财会领域发生颠覆性变革，财务智能化已经构成企业核心竞争力的重要组成部分。新技术革命正在冲击传统的财会专业，财会专业人才培养需要重构专业知识结构和能力框架，以顺应未来社会对财务智能化人才的需求，财务智能化人才必将成为未来社会的稀缺资源。刘玉廷从管理会计、财务管理、财务会计和内控审计四个学科分别阐述财务智能化的影响，他指出管理会计应当围绕着智能化全面成本管理分级构建知识结构和能力框架，实现财务深入业务、业务运用财务的有机结合，从而真正实现产供销、投融资等各环节全面成本管理；"现金为王"、防止资金链断裂已成为企业持续经营的关键，智能化财务管理应当基于共享财务大数据，围绕资金链全过程实时监控，自动实现资金风险的识别、预警与应对，据以形成财务管理的知识结构和能力框架；对于财务会计学科，在智能财务化背景下，共享财务加速了记账凭证和账簿的消失，变革了记账程序规则，大数据推动了企业公允价值确定更具相关性，智能财务实现了企业价值确定智能化，财务会计以

[①] 作者简介：江玮滢，中国海洋大学管理学院博士研究生。高睿璇，中国海洋大学管理学院硕士研究生。宋晓缤，中国海洋大学管理学院硕士研究生。

此为基础构建其知识结构和能力框架；基于智能化的内控审计应当是制度审计，主要针对相关领域内部控制流程及职责分工进行审计，检测与评价内控流程及职责分工建立的科学性与实施的有效性；随着新技术在管理会计、财务管理、财务会计等相关领域的应用，内控审计应当围绕相关领域智能化检测与评价，构建其知识结构和能力框架。全国会计领军人才、北京工商大学商学院MBA中心执行主任张继德指出，财务与业务活动的有机融合已经成为财务管理从核算向价值创造转型的关键。在此背景下，财务管理人才的角色发生了变迁，除了核心会计与财务技能之外，现代财务管理的角色还需要融入领导力、战略、商业、管理，以及出色的人际沟通技能。会计名家培养工程入选者、首都经济贸易大学会计学院博士生导师栾甫贵认为经济学是会计学的基本理论来源，会计学是经济学的数据分析来源，会计学科未来的发展应该回归经济学本质：以经济学思维构建会计学思维，以经济学为基础构建会计学基础理论，依据经济学学科理论进行会计研究及工作，依据经济发展水平优化会计制度，围绕经济学核心概念深化对于会计学专业的学习、把政治经济学和西方经济学作为会计学科基础。

在财务、会计领域学术研究方面，中国会计学会《会计研究》编辑部主任刘国强指出，当前，大家应当认真思考"新时代的会计理论研究如何发展与进步"的问题，结合党的领导、中共中央各项方针政策等开展系统地研究。刘国强还给出了"会计如何为经济转型升级更好地服务""会计如何在'三去一降一补'过程中发挥作用"等热点选题参考。刘国强认为会计理论与会计方法研究的开展可以与信息技术发展相结合，与中国特色相结合，以使会计研究更好地为中国的科学技术发展而服务。同时，他鼓励专家学者们积极投身理论联系实际的研究，从中国企业的实践过程中总结有中国特色的实践研究成果，并积极向各类会计刊物投稿。国务院发展研究中心《管理世界》杂志社副总编辑尚增健结合《管理世界》杂志社的转型经历，从学者层面与大家探讨了三个关键词：第一，真实。他指出学术研究寻根究底还是要贴近现实，而这恰恰要求学者们要严谨治学，这是学者们应当肩负的责任。第二，互通。他结合习总书记的讲话与大家分享了交流、创新的重要性。第三，尊重。他指出现阶段学术界的话语权仍然相对较弱，因此广大学者们应当考虑如何承担起这个责任，更要先考虑到如何获得表达自己思想的尊严。随后，尚增健从四个方面探讨如何做到以上内容：在研究主题方面，他积极倡导本土化成果，建议专家学者们合理应用包括经济、体制、意识形态等实践场，在符合中央各项文件精神的同时讲好中国故事；在研究范式方面，学科研究随着发展逐渐呈现出学科细化和学科交叉两个趋势，当代社会更多采用实证分析，但其实无论哪种方法，都要规范化，在讲好故事的同时也要深切理解"扎根理论"的本质；在研究方法方面，研究方法不必拘泥于某一种，作为研究问题的工具，研究方法应当是多元化的，只要合理、科学、有效就是好的方法；在研究成果方面，他指出现在倡导双重研究成果，因此学术期刊有双重追求，学者们肩负双重责任，既要为经济发展做出贡献，更要静下心来为学术理论的发展提供支持。中国社会科学院工业经济研究所副所长、《经济管理》副主编、博士生导师李海舰指出，学术研究要力求逼近真实世界，解决问题的前提是认识问题，因此对问题的认识首先要清晰，财务会计就是非常贴近真实世界的一个领域。李海舰基于期刊和研究的角度，深入论述了改革开放四十年来学术研究思维层面的变化，并结合变化提出新环境下对学者思维方式养成的六大要求：第一，正确处理单维度思维和多维度思维的关系，更加重视多维度思维；第二，正确处理同质化思维和异质化思维的关系，更加重视异质化思维；第三，正确处理实体化思维和虚拟化思维的关系，更加重视虚拟化思维；第四，正确处理高位度思维和低位度思维的关系，更加重视高位度思维；第五，正确处理分析性思维和整合性思维的关系，更加重视整合性思维；第六，正确处理静态式思维和动态式思维的关系，更加重视动态式思维。思维不同，对同一事物的认识就不同，李海舰倡导多维度、多方法的思维方式，以更好地推进学术研究。会计名家培养工程入选者、江西财经大学《当代财经》常务副社长蒋尧明建议大家关注每年的《政府工作报告》以及国家自然基金项目、国家社科基金项目、教育部社科基金项目等来捕捉热点问题，观察现实生活中的各种异象找到解释机制和解决方案。

二、资本运动：以兼顾资本效率和财务风险为前提

中国海洋大学管理学院副院长、中国企业营运资金管理研究中心主任王竹泉指出，资本运动的本性与内在逻辑是逐利避险，因此资本效率与财务风险是资金管理永恒的两大主题。

基于近年来出现的"金融脱实向虚""实体企业融资难、融资贵"以及"实体企业金融化"等问题，王竹泉提出，当前我国金融服务实体经济的效率和水平并不高，随后分析指出资金效率和财务风险信息的严重扭曲是症结之一。首先，王竹泉指出传统财务分析体系混淆了资产和资本的概念，他指出资本是投资者投入的资源，资产与资本两者之差为营业性负债，进而重构了财务分析体系，分别设计了资本效率与财务风险分析指标。随后，基于新旧财务分析体系的差异，从三个层面对比了我国实体经济上市公司近十年数据。结果显示，从整体层面来看，我国实体经济资金效率被严重低估、财务风险水平被严重高估，资本市场对实体经济的信心或因此大打折扣；从行业层面来看，不同行业之间资金效率与财务风险信息的信息扭曲程度呈现出显著的差异，相同行业在不同年度的信息扭曲程度相对稳定，资金效率和财务风险信息的扭曲效应呈现出显著的行业特征；从企业层面来看，每年资金效率被低估程度超过10%、财务风险被高估10%的企业均超过3/4，且有不少企业存在严重的资金效率和财务风险信息扭曲，这说明资金效率与财务风险信息扭曲效应渗透于金融服务实体经济的每一个细枝末节。最后，建议建立衔接外部资本投资者、内部资本市场经营者信息需求并符合现代实体经济与金融的关系和现代企业经济活动特征的创新财务分析体系。基于该分析体系，中国资金管理智库协同创新中心副主任、中国混合所有制与资本管理研究院副院长孙建强发表了题为《中国上市公司资本效率与财务风险调查：2017》的报告，对2017年度中国上市公司资本效率与财务风险状况进行了总结，调查结果显示2017年总资金管理绩效较上年有改善且总体财务风险稳定。

在资本管理与企业管理方面，江西财经大学会计学院副院长曹玉珊基于营运资金管理视角，再论了新时代资本错配问题研究，概括讲述了针对新时代资本错配问题研究再

论的动机,指出治理资本错配是新时代保障经济持续健康发展的首要任务之一。曹玉珊强调,在资本错配的判别、经济后果及其影响因素等方面,微观治理对策是对宏观治理对策的必要补充,其重心在于化解可能催生或加剧资本错配的微观关键路径成因。他表示,现有主要治理对策的实施没有显著缓解微观资本错配,进而指出在资本错配的预防与修正方面,恰当地疏导管理层自由裁量"资本"或可帮助企业返回资本有效配置状态。安徽财经大学科研处处长、《财贸研究》常务副主编、博士生导师盛明泉探究了高管激励对企业全要素生产率的影响,指出全要素生产率是经济增长和产业结构升级的重要推动力,提升全要素生产率对于实现高质量增长有重要的意义。结果显示,高管薪酬激励和高管股权激励均正向影响企业全要素生产率,股权集中度对二者的关系有负向调节作用,技术创新存在中介效应。他建议企业优化薪酬激励机制,重视高管激励影响企业全要素生产率的作用路径,设计合理的股权结构。

在财务风险防范机制方面,会计名家培养工程入学者、中南财经政法大学环境资源会计研究中心主任、博士生导师唐国平以《会计法》修订为切入点,创新了财务风险防范机制的构建思路。唐国平指出,财务活动的边界应该是基于会计实践的客观事实,信息会计提供价值信息,控制会计利用价值信息以加强管理控制,因此财务会计、管理会计、内部审计等不是相互割裂的。进一步指出应从"源头"理解会计的约束机制,倡导建立内部约束机制与外部约束机制并重的行为约束机制,另外,企业财务风险包含了基于外部资本市场的财务资源配置风险和基于价值导向的内部资源配置风险,因此应从内部和外部两个方面加强财务风险防范。

三、高质量经济发展:以落实改革与经济质量评价为推动

在政企关系改革方面,山东省会计学会会长、山东财经大学副校长、博士生导师綦好东剖析了政企关系的核心要义,他指出,界定政企关系的最好的基础工具是法律,法律具有稳定而权威的特性,能够用法律界定的规则最好用法律界定;政府积极有为、企业活力四射、政府与企业共生、公民基本满意是政企关系的最佳状态,一个国家经济发展的成功和社会和谐有序必定有政府的积极作为;世界上并不存在放之四海而皆准的政企关系,政企关系的形成要受到文化、价值观、历史、资源禀赋、政体国体、社会契约、经济发展阶段、国际环境等多种因素的影响,这些因素或条件的不同组合会形成类型各异的政企关系;公司权力的强势作用在政企关系中日益凸显,需要寻找共权与私权之间的平衡点。基于此背景,綦好东深入分析了政企关系改革的逻辑。他认为,目前的政企关系还不是理想状态,例如,政企关系的二元性、政府双重代理人角色的冲突、企业活力不足、政府作用仍不够精准。我国政商关系改革应基于我国国情,借鉴别国经验,从建立"亲""清"政商关系入手,构建良性互动、和谐共生、具有正外部性的新型政企关系,以努力实现企业有活力、政府有效率、经济有质量、社会有秩序、生态可持续、人民较满意的理想状态。政企关系的改革应从以下方面入手:第一,用好法律工具,划清权力边界。第二,实施"放管服"改革,建设效率政府;主要是通过简政放权、放管结

合、优化服务等实行政府改革，降低制度成本。第三，改革国企与政府的关系，调适政府角色定位。将社会管理者的政府与股东政府的角色相分离。第四，国资体制改革与混合所有制改革协同推进，重塑政企关系结构；一要促国企政企分开；二要切实支持非公经济发展。第五，公平财政补贴政策，在竞争领域逐步建立基于"效率"导向的财政补贴政策，努力使不同所有制经济的财政补贴趋于公平；减税降费，以提高企业的国内国际市场竞争力。第六，尊重企业家劳动，保护企业家精神。

在政府与社会资本合作方面，北京国家会计学院崔志娟深入分析了政府和社会资本（PPP）合作过程中的规范发展问题。她指出，政府为了去杠杆而引入社会资本，开展PPP合作，但实践中政府的债务风险并未减小，隐性债务大大增加，影响国家金融稳定，因此规范发展PPP以控制金融风险十分必要。崔志娟通过对部分省份PPP项目负面行为的分析，指出当前PPP项目存在潜在小股大权与资金结构不明晰等问题的比例较高，而这些现象都会导致PPP项目后续的融资困难和金融机构的融资风险问题。

在混合所有制改革方面，《董事会》杂志研究部主任、中国企业改革与发展研究会研究员严学锋指出，相对传统国企，高质量的混合所有制改革是重大利好。表面上，混合所有制改革是股权层面的开放，即国有资本与非国有资本混合，能够促进股权结构的优化与合理化，破解所有者缺位弊端，在一定程度上化解国进民退等国有资本、非国有资本之间的对立问题；从深层次讲，混合所有制改革能够促进体制机制改革、企业市场化，健全现代企业制度特别是公司治理法治化、市场化、高水平，进而造就真正的企业家、弘扬企业家精神、更好发挥企业家作用，实现各利益相关者的权、责、利重塑，乃至形成命运共同体，企业更高质量地发展。

在宏观经济质量评价方面，中国人民大学商学院耿建新构建了基于国家及地方资产负债表的宏观经济信息评价指标体系。首先，耿建新分别从"横向"与"纵向"两方面评价了当前我国国家资产负债表的编制：从"横向"来看，我国并未完全实现"横向"主体分部门资产负债表编制工作，国家资产负债表"横向"编制缺乏完整的会计要素且国家资产负债表采用直接加总的方法完全不符合会计合并原理；从"纵向"来看，各级政府只由统计部门编制本级资产负债表且目前地方还未开始执行《国民经济核算体系2016》最新的编制要求。基于此现状，耿建新建议构建我国国家及地方资产负债表的"横纵"框架，即四个行政级别、五个不同部门的国家资产负债表体系，并构建基于国家资产负债表的宏观经济信息评价指标体系。其中，国家资产表"横向"内容可以展示国家层面和部门之间的比较指标以及与其他内容关联性指标，反映出一国资产和负债的结构构成及其内部构成，体现一国财富的来源及其投资方向，也可以通过内部数据之间的比例关系，反映各个部门诸如资产负债率、收支缺口、债务可持续性、杠杆率等关联性指标的动态演进、变化过程，从而反映一国经济发展状态；国家资产负债表"纵向"内容可以展示跨地区的比较指标，从而获得各地区资产和负债结构信息，为跨地区比较提供依据，进而展示出我国财富和资产的区域分布，以及各地区债务情况等；国家资产负债表内容可以展示宏观经济信息时间序列指标，反映各部门、层级之间的当期宏观经济信息，通过比较各部门、层级之间资产负债项目在时间上的变化及相对差异，展示我国全国范围或是某些重要区域的经济发展历史变化和财富积累的时间趋势，从而在国民经济发展等方面发挥不可替代的主要作用。耿建新指出，编制国家资产负债表工作涉及面广、技术要求高、实施难度大，但考虑到国家资产负债表运用的重要价值及其反映的宏观经济信息意义，编制这类表格对我国当前的经济社会发展而言是必需的。只有这样，才能将体现全面经济关系的国家资产负债表的编制和运用落在实处。

四、财会职教师资：以完善素质提升模式与协同创新体系为核心

职业教育承担着为社会输送应用技能型人才的责任。近年来，财会行业的发展与职业教育的变革，都在推动着财会职业教育的转型升级，这对财会职教师资培养体系的改革提出了更为紧迫的要求。围绕财会职教师资本硕连读培养体系构建等内容，与会专家学者重点从财会师资素质提升模式与协同创新体系两个方面进行了互动探讨。

在财会师资素质提升模式方面，山东科技大学经济与管理学院会计学系主任张月玲指出，当前财会师资培养应当围绕人才培养目标、应用能力培养等方面展开，注重引导学生专业知识与实践能力的有机结合，最终培养出应用型、创新型、复合型等人才。她基于工科院校会计学本科教育，提出通过修订和优化人才培养方案，改革第一课堂理论教学与实践教学、搭建多种平台，开展第二课堂活动，推进会计学与工科专业教学、科研等相互渗透四个方面构建创新型工科院校会计学本科人才培养模式。张月玲指出，培养既掌握会计专业知识，又了解生产工艺过程与技术具有工科背景的会计学本科生，凸显工科院校的优势，适应社会对复合型会计人才的需求，体现出会计职能与生产职能的密不可分。为此，一方面需要工科院校进一步重视与加强会计学本科专业建设；另一方面需要社会进一步认可工科院校会计学本科毕业生才是真正了解生产并服务于生产的高级会计人才。中国资金管理协同创新中心副主任、中国混合所有制与资本管理研究院副院长孙建强指出，在财会职教师资现状堪忧、教育发展新趋势日趋增强及政策利好的背景下，普通高校尤其是高水平大学构建财会职教师资本硕连读培养体系将成为一项有益尝试。他指出财会职教师资本硕连读培养项目的定位应是培养能够胜任财会专业领域的理论教学、实训指导、教育教学管理等工作的职业教育师资。随后，孙建强具体阐述了"六年期、四阶段"的体系构建思路，其中四阶段分别为本科财会理论教育阶段、本科财会专业教育工作技能培养阶段、本硕衔接阶段及会计硕士教育阶段。在课程结构方面，他指出未来职教师资课程体系结构开发的目标应当是知识、能力与素质三位一体，实现科学、合理匹配。在体系的基础设施保障方面，孙建强指出普通高校应当推进"产教融合"纵深发展，积极探索与企业联合办学的新模式，同时力促与职业教育院校共建教学实践和合作研究基地，以期在未来循序渐进，推动财会职教师资本硕连读培养模式向着设置专门的财会职业教育专业、本硕贯通培养的方向发展，教学理论与方法向专业课程教学渗透，现有模式向"本—专硕—专博"贯通培养模式过渡。山东大明有限责任会计师事务所总经理史晓俊、山东海洋集团正高会计师沈怀龙指出从企业单位招聘的角度就财会职教师资的素质培养提出了建议，他们指出高校应合理引导学生树立"会计思维"，培养良好的职业道德修养和语言表达能力，同时，加强专业实践能力训练，依托产学研

合作关系确保职教师资毕业实习真正落地，利用校友资源实现朋辈导师的可靠引导。山东商务职业学院王伟结合高职类院校的实际情况对财会师资培养提出了实践、信息化应用、开放和合作、立德树人、科教研究、人工智能六点新要求。企业类全国会计领军（后备）人才、青岛地铁集团财务总监徐晓红指出，产学结合对于教育的目的是教学相长、学学相长，个人的后期发展更多还是依赖情商、态度等综合素质。

在财会师资协同创新体系方面，青岛职业技术学院邢广陆副院长指出，当前职教师资存在着普遍学历不高、专业化发展内动力不足、教育观念局限、信息化水平与科研、实践能力低等问题，加快建成一支师德高尚、素质优良、技艺精湛、结构合理、专兼结合的高素质专业化的"双师型"教师队伍刻不容缓。邢广陆从四个方面为财会职教师资培养提出了建议：第一，立足终身教育，构建高质量学历教育体系和职后培训体系，职前培养、职后培训一体化。第二，重视"双师型"教师的培养，企业研修是教师专业发展的重要路径。第三，加大投入，加快各职业院校财会类专业的发展，加强校际间师资互访与合作，实现教师教学能力与专业建设的同步提高。第四，完善师资培养目标和师资专业化分阶段评价体系。会计名家培养工程入选者、中国海洋大学管理学院副院长、中国资金管理智库协同创新中心主任、博士生导师王竹泉指出，应以高水平综合大学为引领构建新时代财会职教师资协同培养体系。他以国内外财会职教师资培养的现状调查作为引入，阐述了当前我国职教师资培养过程中存在的培养方案"一锅端"、专业技能基本类似、个性化不够突出等问题。面对财会行业发展与职业教育改革对会计职教师资培养提出的挑战，王竹泉结合中国海洋大学的实际情况，介绍了其在财会专业职教师资本硕连读培养体系改革的初步探索、实践与在资金管理特色教育资源整合共享方面的成功探索，并就新时代财会师资协同创新体系的建设提出了构想：第一，打造专业核心课程与特色课程建设方案。第二，推动财会职教师资的合作培养与双导师人才培养模式设计。第三，强化实践教学基地建设和立体化实践教学体系建设。第四，配合财会职教师资模块化课程的开展，建设特色教材。第五，完善质量保障体系。《财务与会计》编辑中心孙蕊主任对财会职教师资本硕连读培养体系表示了肯定，她指出财会职教师资的培养应当充分考虑政策文件的指引：第一，明确培养目标，把握培养导向，建设知识型、技能型、创新型人才。第二，应用多方资源进行培养，在紧跟时代发展的同时紧密结合实践培养满足实际需求的人才。随后，青岛华夏职业学校陈作亮、青岛酒店职业技术学院工商管理学院刘进涛结合本校实际情况指出，高职类院校师资不足的情况较为严峻，财会职教师资本硕连读培养体系对于充实高职院校师资、保障教学任务完成极为重要。